W0012495

Erwin Hörandner

MUT ZUM ABHEBEN

Gespräche mit meinem Flügel
über den Wert des inneren Reichtums

Die im Buch enthaltenen Bibeltexte sind wo nicht anders angegeben zitiert aus *Die Bibel. Die Heilige Schrift des Alten und Neuen Bundes. Jerusalemer Bibel.* © Herder Verlag. 16. Auflage, 1973.

© Fotos: Erwin Hörandner

Verlag: Eigenverlag Erwin Hörandner M.A.
Wachtbergstr. 11
4852 Weyregg
office@antiquariat-hoerandner.at

Druck: Booksfactory.at
PRINT GROUP Sp. z o.o.
ul. Cukrowa 22
71-004 Szczecin (Polen)

© 2021 Erwin Hörandner M.A.

1. Auflage

ISBN: 978-3-200-07590-0

Inhaltsverzeichnis

Vorwort

Dieses Buch ist durch mein Paragleit-Hobby entstanden, mit dem ich vor einigen Jahren begonnen habe. Trotz anfänglichem Enthusiasmus blieb die Arbeit daran immer wieder liegen. Ohne meine Tochter und ihre tatkräftige Unterstützung wäre dieses Buch nie druckfertig geworden. Es wäre am Boden liegen geblieben, hätte keine Flügel bekommen und hätte nie bei Ihnen landen können. Nun fällt der Druck des Buches genau in die Zeit der Corona-Krise. Das ist nicht unpassend, da ich merke, wie das Thema des Buches während dieser Krise sogar an Aktualität gewonnen hat. In dieser Zeit nimmt in allen Altersgruppen und Gesellschaftsschichten die Mutlosigkeit, die Hilflosigkeit und die Gewaltbereitschaft zu. Deswegen brauchen wir Mut zum Abheben. In Zeiten der Krise wird deutlich, ob wir genug inneren Reichtum besitzen, um in schwierigen Zeiten durchzuhalten. Ich bin überzeugt, dass Qualitäten wie Liebe, Freude, Frieden, Mut, Treue, Dankbarkeit, Klarheit, Freiheit, Achtsamkeit, Hoffnung, Glauben und Herzlichkeit, um die es in diesem Buch geht, jedem von uns helfen besser zu leben.

Die Weisheit der Wissenschaft, die Profitsucht der Wirtschaft und die Macht der Politik zeigen deutlich, dass sie nicht im Stande sind unsere menschlichen Probleme zu lösen und unsere Herzen zu stärken, damit unser Leben gelingt. Daher ist es umso wichtiger, dass wir in echte Qualitäten investieren, die so wie Gold ihren Wert nie verlieren. Mein Buch wendet sich nicht nur an interessierte Paragleitfreunde, sondern an jeden einzelnen, der mit Gewinn leben möchte.

Als ich mit dem Fliegen begann, wurde mir klar, dass das Fliegen grundsätzlich aus drei Dingen besteht:

- Abheben
- Fliegen
- Landen

Beim Abheben wird bereits deutlich, ob wir gelernt haben, mit dem Leben positiv umzugehen. Manche Menschen haben Schwierigkeiten mit dem Aufstehen und halten es für keine gute Idee, sich aus dem Bett zu erheben. Wer aber nicht in Bewegung kommt, bleibt am Boden liegen.

Fliegen erlaubt es uns, die Dinge aus einer anderen Perspektive zu sehen. Durch diesen Überblick ergeben sich Lösungsmöglichkeiten, die wir vorher nie entdeckt haben. Mit Durchblick kommt man auch durch das Dickicht zum Ziel.

Auch wer das Flow-Erlebnis des Fliegens genießt, muss sich immer wieder eingestehen, dass er nicht ewig oben bleiben kann. Wir müssen immer wieder am Boden der Realität landen und uns darin zurechtfinden.

Ich habe intuitiv, schon bevor ich mit dem Fliegen begonnen habe, das Leben immer wieder mit Bildern aus der Fliegerei verglichen. Ich habe mich des Öfteren auf den Weg gemacht, bin immer wieder neu gestartet, habe Höhenflüge erlebt und habe auch in Situationen, wo ich gescheitert bin, Abstürze erlebt. Ich habe Bruch- und Notlandungen nicht ausschließen können, bin aber auch immer wieder glücklich gelandet. Und dieses innere Fliegen ist für jeden von uns erstrebenswert, egal ob wir Erfahrungen mit der Fliegerei haben oder nicht.

Mein Wunsch ist es, jeden Leser zu ermutigen, den positiven Qualitäten mehr Raum in seinem Leben zu geben und die negativen abnehmen zu sehen. Ich bin mir bewusst, dass das ein Prozess ist und nicht von einem Tag auf den anderen geht. Denken wir an das Sprichwort: „Rom wurde nicht an einem Tag gebaut." Deshalb ist dieses Buch als Begleiter gedacht, der immer wieder zur Hand genommen werden kann. Wenn wir den Wunsch haben den inneren Reichtum wachsen zu sehen, dann wird sich dieser im Laufe der Zeit auch erfüllen.

Es wird Leute geben, die dieses Buch von vorne bis hinten lesen. Allerdings ist es so aufgebaut, dass man auch nur Teile daraus lesen kann. Jedes Kapitel widmet sich einer anderen Qualität und ist in verschiedene Abschnitte unterteilt, sodass man Unterkapitel, die im Moment nicht relevant sind, auch auslassen kann. Als Theologe bin ich davon überzeugt, dass die Bibel uns zeigt, wie ein überfließendes Leben gelingen kann. Deshalb zitiere ich immer wieder daraus und versuche den Lesern verständlich zu machen, welche Relevanz diese Aussagen für ihr Leben haben. Zum Abschluss jedes Kapitels zitiere ich ein christliches Lied und beleuchte seine Entstehungsgeschichte. Musik erhebt und lässt uns abheben. Ich habe dabei bewusst alte Kirchenlieder genommen, weil sie die verschiedenen Charaktereigenschaften aus der christlichen Perspektive beleuchten. Wenn Sie damit nichts anfangen können, lassen Sie diese Abschnitte einfach aus. Folgende modernere Lieder, die auch zur Thematik des Buches passen, würde ich interessierten Lesern empfehlen: „Fliag Vogel fliag" von Willy Michl, „Ikarus" von Wilfried, „I mecht landn" von Maria Bill und „Highway" von Joe Cocker.

Gespräche mit meinem Flügel

Stellen Sie sich, so wie ich auch, die Frage: Kann man mit einem Flügel sprechen? Ich weiß, er ist kein Mensch, mit dem man reden kann. Er ist ein Stück Stoff. Aber ich habe mich dennoch entschlossen, dass ich mit ihm reden kann. Und als ich mich umsah, entdeckte ich Menschen, die mit verschiedenen Dingen oder Tieren reden. Einer der Buchtitel von Konrad Lorenz lautet: *Er redete mit dem Vieh, den Vögeln und den Fischen.* Es gibt auch Bücher mit dem Titel *Gespräche mit meinem Bauch* und *Gespräche mit meiner Katze.* Manche Menschen, die häufig in den Wäldern spazieren gehen, reden mit den Bäumen. Meine Frau redet mit ihren Nähmaschinen. „Brav wart ihr heute", sagt sie zum Beispiel, wenn ihr ein Kleidungsstück besonders gut gelungen ist. Also ist es gar nichts Besonderes, dass ich mit meinem Flügel rede.

Auch Autofreaks hegen, pflegen und schützen ihre Oldtimer; sie reden mit ihnen und geben der Motorhaube einen Kuss. Bootsliebhaber, die alte Holzboote restaurieren, reden mit ihren Booten. Motorradfahrer, die alte Eisen in ihrer Garage stehen haben, lieben ihre besonderen Motorräder und führen Gespräche mit ihnen. Auch Liebhaber alter Flugzeuge tun das. Sie bewundern, staunen und reden mit ihren Flugzeugen. Und dann glauben sie, sie sind die einzigen und ihre Kollegen tun das nicht. In dem Buch *Ufergedanken* von Jörg Zink finden wir eine Passage, in der er von den Anfängen seiner Fliegerei erzählt. Dort heißt es: „Wenn ich danach freilich auf der Erde wieder zurück ankam, so bedankte ich mich bei meinen Schutzengeln und so wunderbaren zuverlässigen Motoren, von denen mich nie einer im Stich ließ, mit einem zärtlichen Streicheln seiner Haut."[1]

In diesem Buch möchte ich in Gesprächen mit meinem Flügel meine Gedanken zu zwölf verschiedenen Tugenden niederschreiben. Anfangs war ich nicht sicher, ob es überhaupt klug ist, den Begriff „Tugend" zu verwenden. Aber mein Flügel hat mich dazu ermutigt.

„Erkläre doch, warum dir dieser Begriff wichtig ist", hat er gesagt.

Also gut, dann tue ich das hiermit. Tugend – das ist ein belastetes Wort. Es hört sich altmodisch an. Die meisten von uns verbinden damit gesellschaftliche Moralvorstellungen, an die wir uns anpassen müssen. Deshalb schrecken viele vor dem Begriff „Tugend" zurück, obwohl er ursprünglich in etwa bedeutet „etwas, das in uns Bewunderung auslöst." Tugenden entfalten sich in einem schönen, guten, edlen Leben. Dieses können wir nicht mit Verkrampfung produzieren. Es ist ein individuelles Geschenk, das in denen wächst, die sich danach ausstrecken. Der Profit ist sagenhaft. Denn wenn wir wachsen, sind wir zufriedener, umsichtiger, einsichtiger, nachsichtiger, weitsichtiger, durchsichtiger, hellsichtiger, scharfsichtiger und liebender im Umgang mit uns selbst und im Umgang mit anderen.

Das Gegenteil von Tugenden sind Untugenden oder Laster. Manche denken dabei an die sieben Todsünden. Oft sind wir, obwohl wir uns von den Untugenden befreien wollen, doch so gefangen in ihnen, dass das Positive nicht die Chance hat, in uns zu wachsen.

Der Stellenwert der verschiedenen Tugenden hat sich im Laufe der Geschichte immer wieder verändert. Ich denke da zum Beispiel an die Tugend der Höflichkeit. Auch heute noch wird vielen Kindern von ihren Eltern eingetrichtert, dass sie brav grüßen sollen. Höflichkeit ist eine Tugend, die immer noch großgeschrieben wird, und es ist gut höflich zu sein. Aber wenn die Höflichkeit gespielt ist und auf Kosten anderer Tugenden wie zum Beispiel der Ehrlichkeit geht, ist sie dann sinnvoll?

Ein anderes Beispiel ist die Tugend der Sparsamkeit, die in meiner Generation noch einen viel höheren Stellenwert hatte. Sparsamkeit war eine wichtige Tugend, vor allem dort, wo es Mangel gab und man sich durch das Leben hindurchkämpfen musste. Heute erziehen viele Leute ihre Kinder nicht mehr so gezielt auf die Sparsamkeit hin. So ändern sich Werte.

Oder denken wir an die Tugend der Sauberkeit. Sauberkeit ist bestimmt in vielen Dingen nötig und angebracht, kann aber auch übertrieben werden. Schade ist es, wenn jemand das Gefühl hat, niemanden einladen zu können, wenn nicht alles blitzblank geputzt ist.

Das gleiche gilt für die Tugend des Fleißes, die dann nicht hilfreich ist, wo Menschen vorschnell verurteilt werden, wenn sie nicht in ein bestimmtes Schema passen, oder Kinder mit den Worten „Du bist aber ein Faulpelz" oder auch „Du bist aber ein Streber" abgewertet werden.

„Und mit welchen anderen Begriffen ist „Tugend" verwandt?", wollte mein Flügel dann noch wissen.

Worte, die in unserer Gesellschaft großgeschrieben werden, sind „Werte", „Wertvorstellungen" und „Charaktereigenschaften". Robert Musil hat einen Roman geschrieben mit dem Titel „Der Mann ohne Eigenschaften". Hauptfigur dieses Romans ist Ulrich, der nach dem Sinn des Lebens sucht, indem er versucht seine Fähigkeiten angemessen anzuwenden, um dadurch ein besserer Mensch zu werden. Wir alle sehnen uns in unserem Menschsein nach etwas, das Qualität, Wert, Fülle und Sinn hat. Da helfen uns meiner Meinung nach die Tugenden, die schon laut der griechischen Philosophen ein erhebendes, gelungenes, glückliches Leben ermöglichen. Auch der Apostel Paulus fordert uns auf, den Tugenden in unserem Leben Raum zu geben: „Im Übrigen, Brüder, auf alles, was wahr ist, was würdig, was gerecht, was rein, was liebenswürdig, was den guten Ruf verdient, was immer es an Tugend und was immer es an Lob gibt, darauf richtet eure Sinne." (Philipper 4,8)

Warum hast du die Zahl zwölf für die Tugenden ausgewählt?

Ja, warum? Es hätten auch mehr sein können oder weniger. Aber ich habe mich für zwölf entschieden. Ich finde die Zahl zwölf unter anderem deshalb passend, weil sie in der Tradition oft für Lückenlosigkeit und Vollständigkeit steht. Es gibt zwölf Monate. Es gibt zwölf Stunden. Die Zahl zwölf ist durch die Zahl drei teilbar, die im Religiösen für die Gottheit steht. Und sie ist durch die Zahl vier teilbar, die für die Welt steht, in der wir leben. Außerdem gibt es zwölf Apostel. Das Wort „Apostel" bedeutet „Gesandter" und diese Bedeutung finde ich auch für die zwölf Tugenden sehr passend. Die Tugenden sollten mit einem Flügel ausgestattet und in alle Himmelsrichtungen verteilt auf Streckenflug gesandt werden, um zu einem guten Leben einzuladen. Sie sollten überall dort landen, wo Hass, Neid, Zorn oder Krieg ist. Wenn diese durch die Umsetzung der Tugenden in ihr Gegenteil verwandelt werden, dann ist das der Himmel auf Erden und im übertragenen Sinn das Reich Gottes. So wie es der Apostel Paulus im Römerbrief beschreibt: „Das Reich Gottes besteht ja nicht in Speise und Trank, sondern in Gerechtigkeit, Friede und Freude im Heiligen Geist." (Römer 14,17)

Könntest du die Suche nach einem Leben mit Qualität mit einem Bild veranschaulichen?

Ein schönes Symbol für den Reichtum des Lebens und ein Leben in Fülle ist die Quelle, die nie versiegt. Über dieses Bild, das auch in der Bibel mehrmals vorkommt, denke ich immer wieder gerne nach. Jesus sagt im Johannesevangelium: „Jeder, der von diesem Wasser [nämlich natürlichem Wasser] trinkt, wird wieder Durst bekommen. Wer aber von dem Wasser trinkt, das ich ihm geben werde, wird in Ewigkeit nicht mehr dürsten. Sondern das Wasser, das ich ihm geben werde, wird in ihm zu einer Quelle von Wasser werden, das ins ewige Leben sprudelt." (Johannes 4,13-14)

1. Liebe

Abendstimmung am Gaisberg

Die Liebe bezwingt alles.

VERGIL

Besser ein Gericht Kraut mit Liebe als ein
gemästeter Ochse mit Hass.

DIE BIBEL

Von Luft und Liebe leben.

SPRICHWORT

Die Liebe in Kürze

Die Liebe beginnt zumeist mit einem Gefühl des Hingezogenseins, der Zuneigung und der Wertschätzung. Erst im Laufe der Zeit kristallisiert sich heraus, wie tief oder wie oberflächlich sie ist. Stellt sie Forderungen indem sie sagt: „Ich liebe dich nur, wenn du so bist, wie ich dich haben will", oder nimmt sie den anderen an, so wie er ist? Die Liebe in ihrer höchsten Vollendung liebt, ohne darauf zu bestehen, erwidert zu werden.

Ich frage verschiedene Leute immer wieder, was das Gegenteil von Liebe ist. Meistens bekomme ich die Antwort „Hass". Das ist richtig. Für mich gibt es aber noch zwei weitere Gegenteile von Liebe. Zuerst einmal Angst. In der Bibel heißt es: „Furcht ist nicht in der Liebe, sondern die vollendete Liebe treibt die Furcht aus." (1. Johannes 4,17). Und dann auch noch Gleichgültigkeit oder Kälte. Wenn mir jemand gleichgültig ist, bedeutet er mir nichts mehr und dann hat auch die Liebe keine Chance mehr.

In der Bibel lesen wir, dass Gott Liebe ist. Wenn wir uns in dieser Welt umsehen, können viele von uns nicht mehr an einen Gott der Liebe glauben. Aber wenn wir diesen liebenden Gott selbst erfahren haben, können wir mit dem Apostel Johannes bezeugen: „Und wir haben die Liebe, die Gott zu uns hat, erkannt und geglaubt: Gott ist Liebe, und wer in der Liebe bleibt, der bleibt in Gott, und Gott bleibt ihn ihm." (1. Johannes 4,16)

Ein Gespräch mit meinem Flügel zum Thema Liebe

Allgemeine Überlegungen zur Liebe

Bevor du beginnst, über die Liebe zu schreiben, würde mich noch interessieren, warum du beschlossen hast, ausgerechnet der Liebe das erste Kapitel zu widmen.

Als ich anfing, Gedanken zu den zwölf Tugenden zu sammeln, war mir noch nicht bewusst, dass ich mit der Liebe anfangen wollte. Bei näherer Betrachtung fiel mir dann auf, dass die Liebe die größte und herausforderndste Tugend von allen ist und deshalb auch an den Anfang gehört. Als ich mich aber daran machte, dieses Kapitel zu schreiben, fand ich immer wieder Entschuldigungen und Ablenkungen, um das Aufschreiben meiner Gedanken hinauszuzögern. Ich wollte mich endlich hinsetzen und beschloss zuerst eine Runde spazieren zu gehen, um gut denken zu können. Dann fand ich ein Buch, das ich zuerst lesen wollte, um noch vollkommener über die Liebe schreiben zu können. Oder ich wollte, bevor ich mich ans Schreiben setzte, noch einen Apfel essen.

Irgendwann habe ich dann beschlossen, dass ich einfach anfangen werde meine unvollkommenen Gedanken zu Papier zu bringen, obwohl ich einen sehr großen Respekt vor der Liebe habe. Es ist viel über sie geschrieben worden. Sie wird oft missverstanden, aber sie kann doch unser Leben ausfüllen und ihm einen Sinn geben. Wie kann ich die wichtigsten Ideen zu diesem großen Thema kurz zusammenfassen? Ich werde es nicht schaffen, aber ich werde zumindest anfangen, meine Gedanken zu erläutern.

Wie fängt denn die Liebe an?

Das Erste, was mir zur Liebe einfällt, ist, dass sie zunächst als kleiner Funke anfängt, aber ein großes Feuer werden kann. Hoffentlich wird sie im Laufe der Zeit zu einem kontrollierten Feuer. Denn so sehr die Liebe schön ist, begeistern kann, enthusiastisch ist, so sehr steckt auch im Anfang der Liebe eine Gefahr. Nämlich dann, wenn sich alles nur um mich dreht. Wenn ich meinen Nächsten dazu missbrauche, meine eigenen Bedürfnisse zu stillen. Das ist kein Austausch echter Liebe, sondern ein ungesunder Narzissmus.

Der Psychologe und Bergsteiger Manfred Ruoß schrieb ein Buch mit dem Titel *Zwischen Flow und Narzissmus* [2]. Beim Bergsteigen geht es um Enthusiasmus, Begeisterung, Liebe. Enthusiasmus ist gut und notwendig, aber es steckt auch eine Gefahr darin, nämlich dass unsere Begeisterung uns blind für die Bedürfnisse anderer macht. Wie Ruoß schreibt, kann die Liebe für das Bergsteigen auch in einen Narzissmus übergehen, nämlich dann, wenn man seine Erfolge über Leistung und Bessersein als andere definiert. Wenn der Selbstwert davon abhängig ist, dass man von einem Erfolg zum anderen läuft, dann kann es passieren, dass man seine Ziele ohne Rücksicht auf Kameradschaft verfolgt. Resümee des Buches ist, dass Bergsteiger etwas erobern, was nutzlos ist. Die Aussage des Buches kann wie folgt zusammengefasst werden: Eine Gesellschaft hat keine Zukunft, wenn sie funktioniert wie ein Bergsteiger.

Das klingt so, als ob alle Bergsteiger Narzissten sind.

Das stimmt natürlich nicht. Man kann nicht alle, die hohen Zielen nachstreben, über einen Kamm scheren. Die Tendenz zur Sucht nach Anerkennung und dem Adrenalinkick ist bei vielen Menschen nicht zu übersehen. Aber auch hier gibt es Ausnahmen. Der Bergsteiger Herbert Tichy hat gesagt: „Berge sind für mich, auch wenn sie mich immer angezogen haben, nicht abstrakte Ziele, an denen man seine technischen Fähigkeiten und seine körperliche Leistungskraft beweisen kann, sondern nur Teile jener großen Welt, in der ich mich so wohl fühle. Ich habe die Gipfel geliebt, wie ich einzelne Menschen liebte, als gleichwertige Teile eines großen Ganzen.“[3] Egal wie groß die Sehnsucht ist, immer noch höher hinauszuwollen,

Kammerlander hat treffend formuliert: „Ein Gipfel gehört dir erst, wenn du wieder unten bist, denn vorher gehörst du ihm."[4]

Der bekannte Bergsteiger Luis Trenker hat in seinem 1931 erschienenen Buch *Meine Berge* die zehn Gebote des Bergsteigens formuliert, in denen es auch darum geht, wie wir unsere Welt achten und lieben sollen. Ich finde, dass speziell das vierte Gebot Luis Trenkers gut in diesen Zusammenhang passt. Da heißt es: „Du sollst die Gegend, die du durchwanderst, nicht verunehren, und sollst Gottes große Natur nicht mit Flaschenscherben, Eierschalen, Obstabfällen, Papierfetzen, Sardinenbüchsen und Unrat verschönern. Du sollst nicht vergessen, dass auch der nach dir Kommende aus der labenden Quelle trinken will, die du sorglos zu verunreinigen eben im Begriffe stehst."[5] Ich füge dem hinzu: Nicht nur Bergsteiger, sondern wir alle sollten die Natur lieben und sie durch unsere Anwesenheit nicht verunreinigen. Man muss nicht wie der Mönch Bruder David Steindl-Rast auf jeden Spaziergang einen Papiersack mitnehmen, um anderer Leute Müll einzusammeln. Unsere Einstellung der Umwelt gegenüber zeigt sich aber darin, dass wir mit ihr nicht unachtsam und gedankenlos umgehen.

Du siehst also in unserem Umgang mit der Umwelt und unserer Einstellung zum Leben die Liebe am Werk.

Wir sollten das Leben jeden Morgen neu mit Begeisterung begrüßen und sagen: „Ich liebe den heutigen Tag. Heute werde ich erfreuliche Dinge erleben. Ich werde Menschen und Dinge lieben."

Schwierig wird es dann, wenn wir Menschen begegnen, die sagen, dass das, was sie jetzt lieben das Einzige und Wichtigste in ihrem Leben sei. Ben Redelings schrieb ein Buch mit dem Titel *Fußball ist nicht das Wichtigste im Leben – es ist das Einzige.* Auch wenn der Titel scherzhaft oder ironisch zu interpretieren ist, dreht sich in seinem Leben von früh bis spät alles um Fußball. Wenn man sein Hobby zum Wichtigsten im Leben macht, kann das ganz schön anstrengend sein. Das Leben ist mehr als nur Fußball, Fliegen oder Formel 1. Aber es ist großartig, wenn wir anfangen das Leben so zu nehmen, wie es ist und es täglich neu lieben. Eine spezielle Leidenschaft kann uns dabei helfen, täglich mit Begeisterung zu leben.

Die Fliegerei und die Liebe

Du hast ja vor einigen Jahren die Liebe zum Paragleiten entdeckt. Wie fing das denn bei dir an?

Anfangs war ich mir nicht sicher, ob aus einem kleinen Funken Begeisterung eine wahre Liebe werden würde. Als ich erschöpft von meinem ersten

Schnuppertag am Übungshang nach Hause fuhr, fragte mich meine Tochter per SMS: „Papa, wie hat es dir gefallen?" Meine Antwort: „Jetzt fahr ich mal heim auf einen Kaffee. Resümee folgt heute noch, wenn ich nicht vorher vor Erschöpfung einschlafe." Später habe ich dann weitergeschrieben: „Also, es könnte ein Stück vom Lebenskuchen werden. Ich denke, dass ich nach dem Schnuppertag weitermache. Aber wann und wie ist noch offen. Der Start und die Landung gehen schon, wie im Leben halt. Beim dritten Mal unten angekommen, kamen mir die Tränen vor Freude am ganzheitlichen Leben oder Begeisterung, was Leben alles sein kann. So genau weiß ich es auch nicht."

Was hast du mit dem Wort „Lebenskuchen" gemeint?

Gut, dass du fragst. Ich wählte damals das Wort Lebenskuchen, weil mir bewusst war, dass das Leben nicht nur aus Fliegerei bestehen kann. Ich kann nicht in diesem einzigartigen Kick völlig aufgehen. Das Leben ist mehr. Das Leben beinhaltet verschiedene Kuchenstücke, die ein Ganzes bilden. Das Leben ist Vielfalt und nicht Einseitigkeit. Es besteht aus Freundschaft, Freizeit, gesunder Lebensführung, Partnerschaft und Familie, Beruf und Arbeit. Wenn wir unsere ganze Energie in nur einen Bereich stecken und die anderen vernachlässigen, werden wir früher oder später aus dem Gleichgewicht kommen.

Du hast das Fliegen also mit einem Schnuppertag begonnen. Du wolltest Fliegerluft schnuppern?

Ja. Manches Mal bietet sich uns im Leben die Gelegenheit zu schnuppern. Etwas Neues, noch nie Dagewesenes auszuprobieren. Etwas, das für uns fremd, aber doch anziehend ist. Es tut uns gut, an etwas Neuem zu schnuppern.

In deinem SMS schreibst du auch, dass dir vor Begeisterung, was das Leben alles sein kann, die Tränen kamen. Das Paragleiten hat dir eine neue Begeisterung für das Leben gebracht. Was hat Begeisterung mit Liebe zu tun?

Begeisterung ist der Brennstoff, der die Liebe erhält. Begeisterung heißt Enthusiasmus, Leben, Bewegung. In Begeisterung steckt das Wort Geist. Mir gefällt, dass das altgriechische Wort für Geist in der Grundbedeutung Wind heißt. Also nichts Statisches, sondern Luft in Bewegung, die nicht kontrollierbar ist. Begeisterung, die nicht gleich erstickt oder festgefahren wird. Begeisterung, die wie ein Feuer auflodert und brennt.

Zum Thema „Feuer der Begeisterung" fällt mir dein Traum ein, der aus der Begegnung mit einer Frau, der Paragleiter ein Dorn im Auge waren, resultierte.

Ich weiß noch genau, wie diese Frau mir von einem Bekannten vorgestellt wurde. Als ich erfuhr, wo sie wohnte, sagte ich: „Ah, Sie wohnen dort, wo die Flying Sisters, also meine Töchter, landen. Denn sie betreiben den Sport des Paragleitens." Daraufhin meinte die Frau, dass ihr die Paragleiter, die auf dieser Wiese landen, ein Dorn im Auge sind. Ich war verdutzt und fragte sie, ob es ihr lieber wäre, eine Motorcross-Strecke in der Nähe zu haben. Paragleiter stören nicht. Sie machen nicht einmal Lärm. Sie war allerdings von ihrer Meinung nicht abzubringen und schimpfte weiterhin auf alle Paragleiter, so dass ich froh war, als das Gespräch zu Ende war.

Die Begegnung verfolgte mich aber auch noch in einem Traum in der folgenden Nacht: Ich hatte im Garten ein Lagerfeuer gemacht, als eine Frau vorbeikam, die mir einzureden versuchte, dass Feuer machen verboten sei. Sie sagte, dass sie alles unternehmen würde, um mich davon abzuhalten, jemals wieder ein Feuer zu machen. Dann kam ein winziger Hubschrauber angeflogen, der aus der Luft versuchte mein Feuer zu löschen.

Am nächsten Tag schrieb ich meinen Töchtern: „Ich habe gestern beim Fliegen etwas geschafft. Ein Feuer brennt in mir; nicht nur beim Fliegen. In den Jahren der Durststrecke und des Burnouts begleitete mich unter anderem der Vers: ‚Freue dich nicht meine Feindin, dass ich darniederliege. Ich stehe wieder auf. Und sitze ich in der Finsternis, so ist der Herr mein Licht.' (Micha 7,8). Es ist ganz egal, wer diese Frau als Feindin war. Es wird ihr nicht gelingen, mein Feuer der Begeisterung zu löschen. Für mich ist Fliegen ein Werkzeug, um mit Wärme und Licht die Finsternis der Angst und der Entmutigung zu überwinden."

Gott und die Liebe

Was ist dir denn als Theologe zum Thema Liebe wichtig?

Vor Jahren, als wir am Attersee Haus gebaut hatten, erzählten wir einem Bekannten, wie begeistert wir waren, in der Nähe des Sees zu leben. Meine Frau fügte hinzu: „Und ich liebe den Attersee." Daraufhin meinte unser Bekannter, dass man das nicht so sagen könne. Als frommer Mensch, so meinte er, können wir Gott lieben, aber nicht einen See.

Das ist der springende Punkt. Wir müssen in der Liebe klein anfangen. Wir brauchen nicht gleich das hohe Ziel zu haben, nur Gott zu lieben. Liebe zu Gott zeigt sich auch in der Liebe zu seiner Schöpfung. Und wie können wir den unsichtbaren Gott lieben, wenn wir die sichtbaren Menschen um uns herum nicht lieben? Deswegen war es treffend und schön von meiner Frau zu sagen, sie liebe den Attersee. Und diese Aussage, die sie bereits vor dreißig Jahren machte, trifft heute noch genauso zu. Wenn wir den See sehen, wenn wir an ihm entlangfahren und uns darüber freuen, dass wir in einer schönen Umgebung leben, dann stimmt es: Ich liebe den Attersee. Und genauso können wir sagen: Ich liebe die Bäume. Ich liebe die Tiere. Ich liebe die Blumen, wenn ich sie betrachte und sehe, wie sie aufblühen und so sorglos leben. Ich liebe viele, viele Dinge.

Und das macht unser Leben dann bunt. Würdest du sagen, dass das Leben voller Farbe sein soll?

Ja, definitiv. Im Extremfall, in depressiven Phasen, erscheint uns die Welt farblos. Kalt, tot, leer, stumm und feindlich. Dann kann es sein, dass wir nicht mehr in einem Kontext von Liebe, Vertrauen, Geborgenheit und Schönheit leben, sondern dass diese Welt uns Angst macht. Dass sie uns die Liebe und Freiheit nimmt. Wir müssen zu unserer Welt ein richtiges Verhältnis aufbauen. Wir müssen die Welt, in der wir leben, durchschauen, wenn sie uns etwas vorgaukelt, das für unser Leben nicht lohnenswert ist. Jede Gesellschaft hat auch Werte, die für ein gelungenes Leben kontraproduktiv sind. Unsere Gesellschaft will uns glauben machen, dass Wettbewerb und optimale Zeiteinteilung uns glücklich machen. Schließlich ist Zeit Geld. Und Geld macht glücklich. Aber wir müssen aufpassen, dass wir uns nicht von falschen Werten jagen und treiben lassen und somit Gefahr laufen, in eine gefährliche Abwärtsspirale der Angst, Entmutigung und des Vergleichens hineinzugeraten. In Römer 12,2 heißt es: „Passt euch nicht dieser Weltzeit an, sondern gestaltet euch um durch die Erneuerung des Geistes, damit ihr prüft, was der Wille Gottes, das Gute, Wohlgefällige und Vollkommene, ist." Wer in dieser Welt das Gute, das Wohlgefällige und das Vollkommene sucht, geht nicht fremdbestimmt durchs Leben. Wenn wir mit Liebe das Gute, Wohlgefällige und Vollkommene suchen, dann werden wir unseren Platz in dieser Welt finden, annehmen und unseren Auftrag erfüllen.

Manche verlieren ihr Ziel nie aus den Augen, andere brauchen immer wieder Ermutigung darin, so wie Paulus an seinen jungen Mitarbeiter Timotheus schrieb: „Entfache zu einer lodernden Flamme, die Gnadengabe Gottes, die in dir innewohnt." (2. Timotheus 1,6) Timotheus war meines Erachtens ein eher schüchterner Mensch. Er war noch jung und hatte wenig Erfahrung und musste lernen, sich gegen verschiedene Strömungen, die das Wohl der Kirchengemeinde gefährdeten, durchzusetzen. Und das geht nur mit einem inneren Feuer.

Du meinst also, dass wir in der Liebe klein anfangen müssen. Aber geht es bei der Liebe nicht in erster Linie um andere Menschen?

Du hast recht. Allerdings würde ich nicht sagen, dass es nur um *andere* Menschen geht. In Markus 12,31 lesen wir: „Du sollst deinen Nächsten lieben wie dich selbst." Wir können den zweiten Teil leicht überlesen, aber aus diesem Gebot geht ganz klar hervor, dass wir auch uns selbst lieben müssen, um unsere Mitmenschen richtig lieben zu können.

Ich habe einmal in mein Tagebuch geschrieben: „Du sollst deinen Nächsten lieben wie dich selbst. Wir kennen diesen Satz, aber was heißt das, sich selbst zu lieben? Sich selbst zu lieben heißt, an sich selbst Freude zu haben. Sich selbst zu lieben heißt, mit sich zufrieden zu sein. Sich selbst zu lieben heißt, sich selbst richtig einzuschätzen. Sich selbst zu lieben heißt aber auch, seine Grenzen zu akzeptieren. Sich selbst zu lieben heißt, seine Unvollkommenheit nicht zu überspielen. Manches Mal bedeutet es, den Feind in sich selbst zu lieben, zu akzeptieren und sich mit ihm auszusöhnen."

Wenn es heißt: „Liebe deinen Nächsten wie dich selbst," könnte das auch eine schlechte Nachricht für unsere Mitmenschen sein. Manchmal müssten wir den Bibelvers eigentlich abändern und sagen: Du sollst deinen Nächsten *nicht* so lieben wie dich selbst. Nämlich dann, wenn wir uns selbst nicht lieben. Wenn wir uns selbst nicht achten. Wenn wir zu uns selbst zu hart sind, uns selbst durch die Zeit peitschen, nicht achtsam und gerecht zu uns selbst sind. Dann schaut es schlecht aus für unseren Nächsten, wenn wir ihn so lieben wie uns selbst. Deshalb ist es umso wichtiger, dass wir darauf achten uns selbst, so wie wir sind, anzunehmen, damit wir fähig sind unseren Nächsten zu lieben.

Uns selbst lieben heißt andererseits aber auch, dass wir angemessen von uns selbst denken, weder zu hoch noch zu niedrig. Dazu passt das achte von Luis Trenkers Bergsteiger-Geboten. „Du sollst nicht lügen, prahlen, aufschneiden! [...] Du sollst nicht anmaßend sein und auch andere auf ihre Weise selig werden lassen, wenn es auch nur Jochbummler, Greise, alte Tanten, Anfänger oder Leute vom anderen Verein sind."[6] Es ist wichtig, dass wir auch dann am Boden der Tatsachen bleiben und unsere eigenen Stärken und Schwächen realistisch einschätzen, wenn wir von anderen bewundert und verehrt werden.

Vor einigen Jahren war ich auf einer Burnout-Präventionswoche in Bad Pirawarth. Diese Veranstaltung war dafür gedacht, sich als Selbstständiger Verhaltensmuster anzueignen, um die Gefahr eines Burnouts zu verringern. Ich fuhr dorthin, obwohl ich längst mitten im Burnout war, und wurde gut aufgenommen und betreut. Eine der Aufgaben, die wir dort hatten, war an uns selbst einen Brief zu schreiben, der uns dann einige Monate später zugeschickt werden würde. Zuerst wusste ich nicht, was ich mir selbst schreiben sollte, aber dann habe ich Folgendes geschrieben:

Lieber Erwin!

Bad Pirawarth war ein Stück vom Kuchen an guten Hilfestellungen für dein Leben. Und eine Ermutigung, dass du deiner Berufung gemäß lebst. Ich wünsche dir, dass du deinen Taufspruch weiter erfüllst: „Habe acht auf dich selbst, und auf die Lehre, so wirst du dich und die, die dich hören, retten." Ich liebe dich, gib diese Liebe weiter.

Erwin

Simone Weil schrieb über die Liebe: „Ich glaube, es ist besser, ihr nicht zu begegnen."[7] Was hältst du von dieser Einstellung?

Da kann ich ihr nicht zustimmen. Es ist gut, Liebe zu erfahren. Ich bin froh darüber, dass ich ihr im Laufe meines Lebens immer wieder begegnet bin. Obwohl ich als letztes Kind eigentlich unerwünscht war, hieß mich meine Mutter mit Liebe auf dieser Welt willkommen. Im Laufe meiner Kindheit und Jugendzeit gab es Menschen, die mir Liebe zeigten. Und als gläubiger Mensch darf ich auch davon erzählen, wie ich Gottes Liebe erfahren habe. Als Kind habe ich über meine Gottesbeziehung wenig nachgedacht; ich habe die mir vorgelebte Religion des Katholizismus übernommen. Erst als Jugendlicher hatte ich eine tief im Herzen überwältigende Gottesbegegnung. Ein Vers aus dem Buch Jeremia spielte dabei eine wichtige Rolle: „Aus der Ferne erschien ihm Jahwe: ‚Mit ewiger Liebe habe ich dich geliebt, deshalb habe ich dir meine Huld bewahrt.'" (Jeremia 31,3) Ich durfte anfangen, meine übernommenen Gottesbilder abzustreifen und den wahren Gott kennenzulernen. Gott ist nicht der strenge Richter, sondern der warmherzige, liebende Gott. Er ist nicht der Todesgott, sondern einer, der mir die Fülle des Lebens anbietet. Er ist nicht der Buchhaltergott, der mir alle meine Fehler vorrechnet, sondern der gute Hirte, der mich auf grüne Aue führt.

Im Matthäusevangelium heißt es nachdem Jesus getauft worden war: „Und siehe eine Stimme aus dem Himmel sprach: ‚Dieser ist mein geliebter Sohn, an dem ich Wohlgefallen habe.'" (Matthäus 3,17) Es war sehr befreiend für mich zu erkennen, dass dieser Abschnitt auch für mich gilt. Nicht nur Jesus ist ein geliebter Sohn, an dem Gott Wohlgefallen hat, sondern auch ich. Paulus schreibt im Epheserbrief über die Liebe: „[Ich bete,] dass Christus in euren Herzen wohne durch den Glauben, dass ihr in Liebe festgewurzelt und festgegründet seid." (Epheser 3,17) Auch wenn wir das Mysterium der Liebe nicht ergründen können, wir sollten den Wunsch haben, ihr zu begegnen und in ihr verwurzelt zu sein. Das gibt uns die Standfestigkeit die wir brauchen, um der Launenhaftigkeit der weltlichen Angebote, nämlich Schönheit, Erfolg und Wohlstand, zu begegnen.

Robert W. Buckingham sagte: „Die größte Tragödie unseres Lebens besteht nicht darin, sterben zu müssen, sondern darin, nicht wirklich gelebt zu haben."[8] Und wir haben nicht gelebt, selbst wenn wir gelebt haben, wenn nicht zumindest Glaube, Hoffnung und Liebe in unserem Leben gewachsen sind. Wenn wir der Liebe begegnen und uns auf sie einlassen, ist das eine gute Voraussetzung dafür, dass das Leben spannend und fruchtbar bleibt. In

17

dem oben zitierten Vers aus Epheser 3,17 schreibt Paulus, dass wir in der Liebe verwurzelt sein sollen. Und obwohl sie uns Wurzeln gibt, bietet uns die Liebe auch die Chance, uns zu verändern. Sie gibt uns Flügel, mit denen wir abheben können. Wurzeln und Flügel, das sind zwei schöne Bilder für die Liebe.

Abschließende Gedanken zur Liebe

Du hast dich noch nicht zur Liebe zwischen Mann und Frau geäußert. Willst du darauf noch eingehen?

Du hast recht. Ich kann kein Kapitel über die Liebe schreiben, ohne auf die Liebesbeziehung zwischen Mann und Frau einzugehen. Ich habe am Anfang erwähnt, dass die Liebe mit Begeisterung und Enthusiasmus beginnt. Enthusiasmus drückt auch aus, dass in uns ein Feuer brennt. Kein Strohfeuer, sondern ein loderndes Feuer. Ist nicht ein Geheimnis, wie die Liebe wachsen kann, dass wir Freude oder Gefallen an etwas haben? Das kann etwas Sichtbares, Handgreifliches, eine Person, ein Hobby oder eine Idee sein. Liebe kann wachsen, wo wir Dinge entdecken, die es wert sind, dass man sich an ihnen erfreut und sie schätzt.

So ist es, wenn sich zwei verlieben. Sie freuen sich an einander. In der anfänglichen Verliebtheit übersehen sie schwache Seiten am anderen, weil er oder sie eine so große Freude und Begeisterung in ihnen weckt. Wenn wir glücklich verliebt sind, erleben wir im Rausch der Gefühle wahrhaftig, wie großartig die Liebe ist. Allerdings ist das Verliebtsein ein Anfang und unsere Liebe sollte nicht in diesem Stadium stecken bleiben. Im Laufe der Zeit sollte dann auch eine Ernüchterung dazukommen. Man sollte erkennen, dass der andere auch nicht liebenswerte Seiten hat, und lernen, ihn zu lieben, so wie er ist. Es sollte immer mehr dazu kommen, dass wir wissen, auf was wir uns in einer Beziehung einlassen. Die Liebe muss Chancen haben zu wachsen. Nehmen wir zum Beispiel die Kommunikation. Es mag in der ersten Verliebtheitsphase tatsächlich genügen, dass wir die Wünsche des anderen erraten oder sie ihm von den Augen ablesen. Aber im Laufe der Zeit müssen wir lernen, dass der andere unsere Wünsche und Vorstellungen von Partnerschaft nicht aus unserem Schweigen herauslesen kann. Es genügt nicht, sich enttäuscht zurückzuziehen, wenn unsere stummen Erwartungen nicht erfüllt werden und zu sagen: „Aber das hättest du doch wissen müssen." Unser Partner kann beim besten Willen nicht wissen, was wir uns wünschen, wenn sich unsere Lippen nicht bewegen.

Kannst du deine Gedanken über die Liebe noch kurz zusammenfassen.

Es geht im Leben darum, in der Liebe zu wachsen. Liebe zu uns selbst, Liebe zum Nächsten, Liebe zu unserer Umwelt und Liebe zum Leben. Einer meiner Lieblingsverse lautet: „Ich habe den guten Kampf gekämpft, ich habe den Lauf vollendet, ich habe den Glauben bewahrt." (2. Timotheus 4,7) Seitdem ich mit dem Fliegen begonnen habe, habe ich diesen Vers für mich abgeändert und er lautet nun: „Ich bin gut gestartet, ich habe Höhenflüge erlebt, und ich bin gut gelandet, nämlich in Liebe für das, wofür es sich zu leben lohnt." Am Ende unseres Lebens werden wir alle den letzten Flug antreten, hinein in die Ewigkeit. Dort wird das Leben mit Gott in der Liebe seine Vollendung finden. In Offenbarung 21,4 heißt es: „Und er wird abwischen jede Träne von ihren Augen, und es wird keinen Tod mehr geben, auch keine Trauer, keinen Klageschrei, keine Mühsal wird es mehr geben, denn das Frühere ist vorbei."

George Bernhard Shaw sagte: „Was wir brauchen, sind ein paar verrückte Leute. Seht euch an, wohin uns die normalen Leute gebracht haben."[9] Leute, die so lieben, wie es Paulus in 1. Korinther 13,1-13 beschreibt, gehören zu den verrückten Leuten, die die Welt verändern.

Wenn ich mit Menschen-, ja mit Engelszungen redete, hätte aber die Liebe nicht, so wäre ich tönendes Erz oder eine gellende Schelle.
Und wenn ich die Prophetengabe hätte und alle Geheimnisse wüsste und alle Erkenntnis und wenn ich allen Glauben hätte, sodass ich Berge versetzen könnte, hätte aber die Liebe nicht, so wäre ich nichts.
Und wenn ich alle meine Habe verschenkte und wenn ich meinen Leib zum Verbrennen hingäbe, hätte aber die Liebe nicht, so nützte es mir nichts.
Die Liebe ist langmütig, gütig ist die Liebe, sie ist nicht eifersüchtig, die Liebe prahlt nicht, sie bläht sich nicht auf.
Sie handelt nicht taktlos, sie sucht nicht den eigenen Vorteil, sie lässt sich nicht erbittern, sie trägt das Böse nicht nach.
Sie freut sich nicht über das Unrecht, freut sich vielmehr mit an der Wahrheit.
Alles erträgt sie, alles glaubt sie, alles hofft sie, alles duldet sie.
Die Liebe hört niemals auf. Prophetisches Reden nimmt einmal ein Ende, Zungenrede verstummt, Erkenntnis vergeht.
Denn Stückwerk ist unser Erkennen und Stückwerk unser Prophezeien.
Wenn aber das Vollendete kommt, dann wird das Stückwerk abgetan.
Als ich ein Kind war, redete ich wie ein Kind, dachte wie ein Kind, urteilte wie ein Kind. Als ich ein Mann wurde, legte ich ab, was kindlich an mir war.
Jetzt sehen wir in einem Spiegel alles rätselhaft, dann aber von Angesicht zu Angesicht. Jetzt erkenne ich stückweise, dann aber werde ich ganz erkennen, so wie auch ich ganz erkannt worden bin.
Jetzt bleiben Glaube, Hoffnung, Liebe, diese drei; doch am größten unter ihnen ist die Liebe.

Aus dem Reichtum des Liederschatzes

Das Lied „Ich bete an die Macht der Liebe" stammt von Gerhard Tersteegen (1697-1769). Tersteegen kam aus einem frommen Elternhaus und hatte fünf Brüder und zwei Schwestern. Er war hochbegabt, doch seine Mutter konnte ihm das Theologiestudium nicht finanzieren. Deshalb zog Tersteegen 1713 zu seinem Schwager, um so wie sein Vater Kaufmann zu werden. 1717, als er die Lehre beendet hatte, gründete er ein eigenes Geschäft. Tersteegen hatte mit 16 Jahren eine Erweckung erlebt, und das war auch der Grund, warum er sich immer mehr aus der Arbeit zurückzog und eine Art Laienprediger wurde. Er übte großen Einfluss auf den Pietismus aus. Tersteegen war auch sehr bewandert in der Heilkunst. Als man ihm diese Tätigkeit verbieten wollte, weil sie nur Fachleuten vorbehalten war, gelang es Tersteegen zu beweisen, dass er in der Heilkunst enorme Kenntnis hatte. Und so konnte er mit seinen Hausmitteln weiterhin vielen Menschen unentgeltlich helfen.

Seine zwei bekanntesten Lieder sind „Ich bete an die Macht der Liebe" und „Gott ist gegenwärtig, lasset uns anbeten". Das Lied „Ich bete an die Macht der Liebe" erinnert uns daran, wie sehr Gott die Welt geliebt hat. In Johannes 3,16 heißt es: „Denn so sehr hat Gott die Welt geliebt, dass er seinen eingeborenen Sohn dahingegeben hat, damit jeder, der an ihn glaubt, nicht verloren gehe, sondern ewiges Leben habe."

In der ersten Strophe seines Liedes spricht Tersteegen davon, dass er sich ins Meer der Liebe Gottes versenken will. Dazu passt die Erzählung eines Theologiestudenten, der so wie seine Kollegen eine Abschlussarbeit über das Thema „Der allmächtige Gott und der Teufel" schreiben musste. Der Student fing an über Gott, seine Barmherzigkeit und seine unergründlichen Wege mit den Menschen nachzudenken und zu schreiben. Je mehr er über die Liebe Gottes, die sich in der Geschichte der Menschheit immer wieder offenbart hat, schrieb, desto wärmer wurde ihm ums Herz. Umso erstaunter war er, als er bemerkte, dass die Prüfungszeit bereits zu Ende war und er noch gar nichts über den Teufel geschrieben hatte. So fügte er noch schnell als Schlusssatz hinzu: „Keine Zeit für den Teufel." Ich finde, das ist ein gutes Rezept für ein gelungenes Leben.

Tersteegen beschreibt wohl eine ähnliche Erfahrung, wenn es in seinem Lied heißt: „Ich will, anstatt an mich zu denken, ins Meer der Liebe mich versenken."

Ich bete an die Macht der Liebe

Ich bete an die Macht der Liebe,
die sich in Jesus offenbart;
ich geb mich hin dem freien Triebe,
wodurch ich Wurm geliebet ward;
ich will, anstatt an mich zu denken,
ins Meer der Liebe mich versenken.

Zum Abschluss jedes Kapitels führe ich jeweils ein kurzes meditatives Gedicht an, das in Anlehnung an einen Ausspruch des Schweizer Pfarrers und Lyrikers Kurt Marti entstanden ist. Er sagte einmal: „Wo kämen wir hin, wenn alle sagten, wo kämen wir hin, und keiner ginge, um zu sehen, wohin wir kämen, wenn wir gingen."[10]

Und so sage ich zum Thema Liebe:

Was würde geschehen
wenn alle sagten:
„Was würde geschehen,
wenn wir uns selbst und den Nächsten LIEBEN…"

Und (k)einer hebt ab
aus dem Lande der Gleichgültigkeit
um zu sehen was geschieht
wenn man die Flügel ausbreitet und abhebt
ins Land der Fülle
wo man fliegt.

Ich bin dankbar für das Wunder
das geschah
der Liebe begegnet zu sein
und sie täglich zu leben.

„Du sollst deinen Nächsten lieben wie dich selbst." (Matth. 22, 39)

Denkanstöße zur Liebe

- Liebe ich das Leben?
- Bin ich bereit, mich auf das Abenteuer der Liebe einzulassen?
- Kann ich sagen, dass Gott Liebe ist?
- Was hindert mich daran, mich in der Liebe weiterzuentwickeln?

2. Freude

Schörfling, Groundhandling mit meinen Töchtern

Geteilte Freude ist doppelte Freude.

SPRICHWORT

Wo man Liebe aussät, da wächst Freude empor.

SHAKESPEARE

Ärgere dich nicht darüber, dass der Rosenstrauch
Dornen trägt, sondern freu' dich darüber,
dass der Dornenstrauch Rosen trägt!

ARABISCHES SPRICHWORT

Die Freude in Kürze

Das Gegenteil von Freude ist Freudlosigkeit. Sie führt oft zu Schwermut und Depressionen, zu Niedergeschlagenheit und Melancholie. Es ist die Aufgabe von Theologen, Psychologen, Psychotherapeuten und vielen anderen Helfern Menschen, die sich in der Sackgasse der Freudlosigkeit befinden, beizustehen. Sie leiden mit, weil die Freude nicht durchdringen kann. Ein anderes Gegenteil von Freude ist Schadenfreude. Sie ist nicht empfehlenswert, denn wir können aus dem Schlechten, das jemand anderem widerfährt, keinen positiven Nutzen für unser eigenes Leben ziehen.

Obwohl Traurigkeit ein Gegenteil von Freude ist, hat sie oft die Aufgabe, uns wieder zur Freude hinzuführen. Wir machen im Leben immer wieder auch leidvolle Erfahrungen. Wenn wir diese gut verarbeiten und der Trauer ihren Raum geben, kann das Endresultat trotz allem Freude sein. Einen frohen Gemütszustand kann man an der Mimik ablesen. Lachende Augen lassen uns wissen, dass die Freude im Herzen verankert ist.

Echte, tiefe, unvergängliche Freude ist meines Erachtens ohne Gott nicht zu haben. Jesus ist gekommen, um uns vollkommene Freude zu schenken. Sich in jeder Lage und zu jeder Zeit freuen zu können, ist für mich nur mit einem tiefen Glauben und Verwurzeltsein in Jesus Christus möglich und erlebbar. „Freut euch im Herrn allezeit. Noch einmal will ich es sagen: freut euch." (Philipper 4,4) Christen, die diese Freude erleben, sind aufgefordert, sie auch weiterzugeben. Dazu schreibt Paulus an die Christen in Korinth: „Denn ich betrachte mich nicht als Richter über euren Glauben. Meine Aufgabe ist es doch, zu eurer Freude beizutragen." (2. Korinther. 1,24)

Ein Gespräch mit meinem Flügel zum Thema Freude

Allgemeine Überlegungen zur Freude

Erzähle doch zum Anfang ein bisschen davon, wie dich deine Kindheit in Bezug auf die Freude geprägt hat.

Ich wurde in ärmlichen Verhältnissen in einem Flüchtlingslager groß. Mein Vater war Siebenbürger, wurde durch das Hitlerregime zum Militärdienst eingezogen und konnte nach dem Krieg nicht mehr zurück zu seiner Frau, seinen Kindern und seinem Bauernhof. Er gründete in Österreich eine zweite Familie mit meiner Mutter, die ebenfalls eine arme, aber fleißige Frau war. Aus heutiger Perspektive bin ich der Meinung, dass mein Vater ein zwiespältiges Verhältnis zur Lebensfreude hatte, weil er innerlich zerrissen war. Er liebte die Natur, seinen Garten und die Tiere, die er hielt. Alles, was er in der Natur anpackte, gelang ihm und hatte Sinn. Hund, Kaninchen, Gänse und Ziegen spürten seine Lebensfreude. Seine innere Zerrissenheit versuchte er ohne Erfolg im Alkohol zu ertränken. Deshalb bin ich überzeugt, dass die Lebensfreude nichts Äußerliches ist, sondern etwas, das ganz tief in uns drinnen seinen Ursprung hat.

Aufgrund meiner Kindheit ist es kein Wunder, dass ich lange Zeit Probleme damit hatte, hart erspartes Geld auszugeben und mir und meiner Familie ab und zu etwas zu gönnen. Schließlich hatte ich, um dieses Verhaltensmuster zu überwinden, die Idee einer Wohlfühl-Kassa. Ich steckte, wenn ich von einem Kunden ein Trinkgeld bekommen hatte oder Kleingeld in der Tasche hatte, immer wieder ein paar Euro in diese Dose. Und so war immer etwas Geld darin. Wenn ich dann in eine Situation kam, wo ich mir oder meiner Familie etwas gönnen wollte, hatte ich dieses Geld, das für „unnötige" Ausgaben reserviert war. Wenn meine Frau meinte: „Ach, könnten wir nicht hier stehen bleiben und uns einen Kaffee gönnen, hier ist es so schön", dann gab es zwar eine Stimme in mir, die diese paar Euro lieber sparen wollte. Aber andererseits hatte ich bereits Geld für diese und andere ähnliche Ausgaben reserviert. Und so konnte ich lernen, dass es mir guttut, mir und anderen immer wieder etwas zu gönnen. Die Wohlfühl-Kassa hat mir geholfen das Leben mehr anzulächeln. Es leichter zu nehmen. Zu manchen kleinen Freuden im Leben ja zu sagen. Der Freude Raum zu geben. In mir selbst durch das, was ich genieße, und in den anderen, mit denen ich es teile.

So kann uns also unsere Prägung im Wege stehen, wenn wir im Leben mehr Freude erleben wollen. Aber manchmal stehen uns auch unsere Lebensumstände im Weg.

Das Leben ist nicht immer eitel Wonne und Sonnenschein. Manche Menschen werden besonders hart vom Leben geschlagen. Sie werden immer wieder enttäuscht und verletzt. Sie haben an ihren Lasten schwer zu tragen. So droht das Leben schließlich zu ersticken. Es will gar keine Freude mehr aufkommen. Wenn wir solchen Menschen begegnen, dürfen wir ihnen zur Seite stehen, sie ermutigen und unterstützen, soweit es uns unsere Möglichkeiten erlauben. Wir werden sie, wenn sie Schicksalsschläge erleiden, nicht im Stich lassen. Wo die Probleme unsere Grenzen übersteigen, dürfen wir ihnen auch raten, professionelle Hilfe in Anspruch zu nehmen.

Es gibt aber auch verbitterte Menschen, die eigentlich keine Veränderung suchen. Sie wollen sich bei uns nur immer wieder ausweinen und bemitleidet werden. So saugen sie unsere Energie aus, sind aber nicht bereit, ihr Leben umzugestalten, Neues auszuprobieren und ungesunde Verhaltensweisen zu ändern. In diesen Situationen können wir überlegen, ob wir uns nicht, um uns selbst zu schützen, abgrenzen sollten.

Wieso gibt es wohl so viele Leute, die das Leben als etwas Schweres empfinden, sich nichts gönnen und keine Freude aufkommen lassen?

Ich habe einen Bekannten, auf den diese Beschreibung zutrifft. Zum Teil lässt sich diese Einstellung aus seiner Lebensgeschichte erklären. Während seiner Kindheit nach dem Krieg baute sich sein Vater eine kleine Gärtnerei auf. Und er wurde dahingehend erzogen, nur soviel Geld auszugeben, wie er es sich Groschen für Groschen erspart hatte. Diese Einstellung ist begrüßenswert, aber in unserer heutigen Gesellschaft nicht immer empfehlenswert und anwendbar. Obwohl dieser Bekannte nie Schulden machte, kommt in seinem Leben keine Freude auf. Alles ist mühselig, alles ist teuer erarbeitet. Ihm fehlt nichts. Er hat sich durch harte Arbeit ein eigenes Haus erworben. Er hat ausgesorgt. Er könnte sein Leben genießen. Aber selbst jetzt noch, wo er schon in Pension ist, dreht er jeden Cent dreimal um. Im Gasthaus will er sich kein Bier gönnen, weil er sich um das gleiche Geld im Geschäft ein halbe Kiste Bier kaufen könnte. Wenn er auf einem Bahnhof auf die Toilette muss, tun ihm die paar Cent weh, die er dafür bezahlen muss.

Und andere Menschen sind vom Leben enttäuscht, weil sie dort, wo sie suchten, keine wahre Freude gefunden haben.

Das stimmt. In unserer heutigen Zeit scheint es, dass alle auf der Suche nach einem glücklichen Leben sind. Und es gibt viele Dinge, die dieses Glück versprechen. Uns wird ein Leben voller Freude verheißen, wenn wir dieses oder jenes tun oder haben. Aber könnte es auch sein, dass manche dieser Dinge uns in Wirklichkeit in die Irre führen? Dass sie Köder an ihren Angelhaken haben, die toll aussehen, aber keine echte Freude garantieren? Ich möchte mich nicht als Richter über andere aufspielen, aber könnte es nicht sein, dass manche Leute durch die Extremsportarten und Berufe, in denen sie völlig aufgehen, dem Leben davonfliegen? Das wäre zunächst kein Problem. Manches Mal brauchen wir Fluchtwege. Aber wenn wir dem Leben davonfliegen, dann sollten wir den Mut haben, zumindest von oben herab das eigene Leben, so wie es ist, anzuschauen, zu landen und neu anzufangen. Wir können nicht unser Leben lang auf der Flucht bleiben und uns selbst täuschen. Einer fliegt dem Leben davon, weil er mit seiner Vergangenheit nicht klarkommt. Ein Anderer, weil er die Gegenwart nicht aushält. Und der Nächste, weil er mit der Zukunft und seinen Träumen von Erfolg und Reichtum beschäftigt ist. Aber wenn wir nicht im Hier und Jetzt leben, bleibt die Freude ein Traum und zerplatzt wie Seifenblasen.

Die Fliegerei und die Freude

Dir hat das Fliegen geholfen, die Freude am Leben vermehrt zu entdecken. Deine ersten Höhenflüge waren die Belohnung für die harte Arbeit am Übungshang und den Mut, mit dem Fliegen zu beginnen.

Das stimmt. Als ich mit dem Fliegen begann, wurde mir bewusst, dass sich darin ein sprudelnder Quell der Freude auftun kann. Am Tag meines ersten Höhenfluges wurde ich von zwei meine Töchter am Berg ermutigt und gecoacht. Die anderen beiden Töchter und meine Frau fieberten per SMS mit.

> Tochter daheim: „Erster oder zweiter Höhenflug?"
> Tochter am Berg: „Wir sind vor dem ersten, gleich geht's los."
> Tochter daheim: „Cool, gute Flüge euch dreien!"
> Meine Frau: „Ma, bin ich aufgeregt. Meldet euch bitte bald."
> Tochter am Berg: „Wir sind gerade gelandet. O Mann, war ich aufgeregt. Er ist toll geflogen, echt."
> Meine Frau: „Ja, gut, wie geht es ihm jetzt?"
> Andere Tochter am Berg: „Er strahlt."
> Andere Tochter daheim: „Hast du schon einen Kommentar zum Tag?"
> Ich: „Ja, ich habe es geschafft. Das, was damals beim Aussteigen von meinem ersten Tandemparamotorflug mein Kommentar war: ‚Ich brauche den Lärm dahinten nicht. Ich möchte von einem Berg ins Tal fliegen, wie ein Vogel.' Und heute war der Beginn einer schönen Zukunft in der Luft und auf der Erde."

So durfte ich an diesem Tag mit meinem ersten Höhenflug eine neue Facette der Freude erleben.

Du hast also nach deinem Burnout unter anderem durch das Fliegen die Lebensfreude neu entdeckt. Wie hat sich diese neugefundene Freude dann in deinem Leben ausgedrückt?

Meine Tochter drückte es so aus: „Papas Grinser ist einfach genial. Meistens nach einem schönen Höhenflug und einer gelungenen Landung." Wenn die Freude im Leben wieder Fuß gefasst hat, merkt man, dass der Spaß und der Humor auch ihren Stellenwert bekommen. Das Leben ist schwierig genug. Darum muss man es nicht zu ernst nehmen.

Es ist egal, welche Sportart oder welches Hobby wir zur Bereicherung unseres Lebens ausüben. Kammerlander, der Bergsteiger, trifft mit folgender Aussage den Nagel auf den Kopf: „Wichtig ist, dass du dich wohlfühlst, dass du die Natur um dich herum spürst. Dann macht Bergsteigen unheimlich glücklich."[11] Das gleiche gilt auch fürs Mountainbiken, fürs Fliegen oder für jedes andere Hobby. Glücklich ist nur ein anderer Begriff für Freude. Sie zeigt sich darin, dass die Augen leuchten, der Mund zu reden beginnt und die Ohren hellhörig werden. Sprichwörtlich, dass uns etwas unter die Haut geht.

Wenn wir von Freude erfüllt sind, dann können wir fühlen und das Schöne am Leben sehen.

Andererseits ist das Leben nicht immer leicht.

Das stimmt. Es gibt Lasten und Sorgen, die uns fast erdrücken. Aber auch wenn das so ist, mache es dir nicht noch schwerer. Ich bin für meinen Flügel an der unteren Gewichtsgrenze. Das heißt, ich könnte ohne weiteres noch ein paar Lasten mitnehmen. So fünf Kilo Geldsorgen und zehn Kilo Streitigkeiten mit meinen Mitmenschen. In meiner Partnerschaft hängt im Moment der Segen schief und meine Kinder benehmen sich auch nicht so, wie ich mir das vorstelle. Das macht noch ein paar Kilo aus. Und mit den Nachbarn ist heute auch nicht zu spaßen. Aber irgendwann ist es genug. Mein Flügel ist kein Lastenhubschrauber. Er ist nicht gebaut für 200 Kilo. Um fliegen zu können, muss ich dieses Extragewicht zurücklassen.

Apropos Gewicht. Das erinnert mich an die Geschichte, die dir dein Fluglehrer erzählt hat.

Ah, die Geschichte vom Tandemfliegen. Mein Fluglehrer lernte einmal eine übergewichtige Frau kennen, deren Traum es war, mit ihm einen Tandemflug zu machen. Er versprach ihr, das auch zu tun, allerdings erst nachdem sie zwanzig oder dreißig Kilo abgenommen hatte, sonst könnte sein Paragleiter ihrer beider Gewicht nicht sicher tragen. Monate und Jahre vergingen. Dann meldete sich diese Frau wieder bei ihm und meinte, sie hätte das nötige Gewicht, um fliegen zu können. Und dann flogen sie. Die Frau war begeistert. Das Abnehmen hatte sich gelohnt. Sie erlebte durch das Fliegen eine unaussprechliche Freude.

Für mich bedeutet diese Geschichte im übertragenen Sinn, dass wir, um abheben zu können, möglichst viel Gewicht auf der Erde lassen müssen. Lass deine Sorgen und Probleme los. Nimm sie nicht mit, lass dich nicht von ihnen fesseln, damit die Freude nicht erstickt wird.

Gott und die Freude

Was sagst du denn als Theologe zur Freude?

Könnte ein Grund dafür, warum im Leben keine Freude aufkommt, sein, dass wir so spartanisch leben und so rigoros mit uns selbst sind? Dass wir uns alles abringen? Dass wir uns gar nichts gönnen, statt unseren Überfluss dankbar zu genießen? Dass wir uns alles für die Zukunft aufsparen, statt im Jetzt zu leben? Jesus erzählt in Lukas 12,15-21 das folgende Gleichnis:

Dann sprach er zu ihnen: „Habet acht und hütet euch vor aller Habsucht: Denn auch mitten im Überfluss ist das Leben eines Menschen nicht durch seine Güter gesichert." Er erzählte ihnen aber ein Gleichnis: „Das Land eines reichen Mannes hatte gut getragen. Er überlegte bei sich und sagte: ‚Was soll ich machen, da ich nicht genug Raum habe, meine Ernte unterzubringen?' Und er sagte: ‚So will ich es machen; ich werde meine Scheunen abreißen und größere bauen und darin all mein Getreide und all meine Güter aufspeichern. Dann will ich zu meiner Seele sagen: Seele, du hast viele Güter liegen für viele Jahre; ruh aus, iss, trink, lass dir wohl sein.' Aber Gott sprach zu ihm: ‚Du Tor, diese Nacht noch wird man dein Leben von dir fordern; wem aber wird gehören, was du aufgespeichert hast?' So geht es dem, der für sich Schätze sammelt und nicht reich wird vor Gott."

Es ist gut, für die Zukunft vorzusorgen. Aber wenn wir uns heute nichts gönnen, werden wir uns auch in der Zukunft nichts gönnen. Die Zukunft gehört uns nicht, sondern immer nur der heutige Tag. Wie recht hat der Prediger, wenn er schreibt: „Da merkte ich, dass es nichts Besseres dabei gibt, als fröhlich sein und sich gütlich tun in seinem Leben. [Eine andere Übersetzung lautet: „sein Leben zu genießen, solange er es hat"]. Denn ein Mensch, der da isst und trinkt und hat guten Mut bei all seinen Mühen, das ist eine Gabe Gottes." (Prediger 3,12+13)

Die Freude hat verschiedene Facetten. Und wir hindern sie an ihrer Entfaltung, wenn wir sie einsperren und ihr keinen Raum geben. Ich spreche nicht davon, dass wir alles, was wir uns erarbeitet oder geschenkt bekommen haben, verprassen und ohne Herz und Hirn wahllos ausgeben sollen. Nein, aber es ist wichtig, sich im Leben auch etwas zu gönnen. Es gehört dazu, dass wir das, was wir uns im Leben erkämpft oder erarbeitet haben, immer wieder loslassen und das Leben genießen.

Und auch die Sorgen, die uns immer wieder gefangen nehmen wollen, müssen wir loslassen. Diesen weisen Rat gibt uns auch der Apostel Petrus, wenn er schreibt: „Alle eure Sorgen werfet auf ihn, denn er sorgt für euch." (1. Petrus 5,7) Übrigens war das auch der Lieblingsvers meiner Schwiegermutter, die trotz vieler Schicksalsschläge diesem Vers entsprechend zu leben versuchte. Und es ist ihr auch gelungen.

Die gute Nachricht ist, dass es genug Begeisterung, Feuer, Wind, Geist, Heiligen Geist – oder wie wir es nennen wollen – gibt, ganz egal, was uns das Leben auch einschenkt. Auch wenn wir nicht bestimmen können, was auf uns zukommt. Auch wenn wir nicht wissen, was morgen sein wird. Im Alten Testament gibt es einen Vers, der mir sehr viel bedeutet. In Nehemia 8,10 heißt es: „Die Freude am HERRN ist eure Stärke." Diese Freude gibt mir sowohl an hellen als auch an dunklen Tagen Kraft, weil sie nicht von äußeren Umständen abhängig ist. Als Jesus mit seinen Jüngern unterwegs war, und sie viele Zeichen und Wunder und gewaltige Dinge erlebten, sagte er zu ihnen: „Freut euch nicht, dass euch die Geister untertan sind. Sondern freut euch vielmehr, dass eure Namen im Buch des Lebens geschrieben sind." Es ist nicht so wichtig, ob wir in unserem Leben große oder kleine Dinge vollbringen oder viel oder wenig besitzen. Wichtig ist, dass wir in der Geborgenheit leben, Gottes Kind zu sein und wissen, dass diese Verbindung durch nichts getrennt werden kann.

Abschließende Gedanken zur Freude

Wenn wir uns darauf einlassen, kann uns die Freude immer wieder in ganz alltäglichen Situationen überraschen. So wie es dir beim Schreiben dieses Kapitels ging.

Das stimmt. Ich hatte mir, um dieses Kapitel zu schreiben, einen schönen Platz an einem steilen Hang in Weyregg gesucht, wo auch die Paragleitschüler ihre ersten Versuche am Übungshang machen. An diesem Tag war niemand zum Fliegen dort. Selbst ich hatte meinen Flügel nicht mitgenommen, da ich schreiben wollte. Es war Nachmittag. Der Wind blies von allen Seiten. Und als ich den Übungshang betrachtete und über meine Anfänge des Fliegens nachdachte, überkam mich Freude, dass ich einen Teil meines Lebens mit Fliegen verbringen darf. Freude ist seltsam. Vor lauter Freude kullerten mir die Tränen über die Wangen. Ich trank einen Schluck Wasser und freute mich über das lebensspendende Nass, das uns der liebe Gott in diese Schöpfung hineingelegt hat. Als ich dort am Hang saß und die untergehende Sonne betrachtete, dachte ich an die vier Elemente, die uns das Leben auf dieser Erde möglich machen.

Zuerst das Wasser. Das Wasser des Lebens, das uns geschenkt wird und in uns eine Freude auslöst, schon wenn es uns den Durst löscht. Die Luft oder der Wind, der auch ganz schön heftig sein kann und alles durcheinanderwirbelt. Und doch ist es die Luft, die wir einatmen, die uns Leben ermöglicht. Und die Sonne. Sie bedeutet für mich Wärme, Feuer. Eben auch dieses Feuer, das von innen brennt. Diese anhaltende Glut, die sich in Liebe und Freude äußert. Und schließlich die Erde, auf der ich saß. Obwohl es erst April war, war es so föhnig warm, dass ich mir Schuhe und Socken ausgezogen hatte, barfuß auf und ab ging und es genoss mit der Erde verbunden zu sein.

Ich finde es schön, wie du den Augenblick genießen und deine Freude so richtig spüren konntest. Oft vertrösten wir uns darauf, dass wir uns dann freuen werden, wenn ein bestimmtes Ereignis in der Zukunft eintritt.

Wir sollten nicht danach Ausschau halten, dass sich die Freude zu einem bestimmten Zeitpunkt einstellen wird. Wenn ich zum Beispiel einen Lotto-Sechser gewonnen habe. Oder wenn mich meine Mitmenschen anerkennen, schätzen und lieben. Wir sind versucht zu denken, dass wir die Freude spüren werden, wenn dieses oder jenes endlich eintritt. Aber das ist ein Trugschluss. Die Freude fängt tief in uns drinnen an. Nämlich dann, wenn wir uns für etwas begeistern. Wenn wir für etwas enthusiastisch sind. Wenn wir für etwas brennen und von etwas erfüllt sind. Dann ist die Begleiterscheinung Freude. Wahre Freude ist nicht ein kleines Aufflackern. Oder ein großes Lagerfeuer, das am nächsten Tag wieder erloschen ist. Echte Freude kann auch an Tagen, die nicht hell und schön sind, nicht ausgelöscht werden.

Während deines Burnouts hattest du die Freude ziemlich verloren. Das fiel auch anderen Leuten auf.

Eine von diesen Leuten war eine Zahnarztassistentin. Als ich vor ein paar Jahren im Zahnarztstuhl lag und mir die Assistentin ins Gesicht schaute, meinte sie: „Herr Hörandner, ihre blauen Augen leuchten nicht mehr." Was für eine Erkenntnis. Sie hatte recht. Die Jahre davor waren schwer für mich. Ich schaute zu sehr auf die Sorgen, die Lasten, die Probleme, die nicht erfüllten Erwartungen. Und mehr und mehr schlich sich die Freude aus meinem Herzen. Es gab selbst in dieser Zeit noch Dinge, die Freude weckten. Manches Mal das Fernsehen am Abend. Oder ein, zwei Bier. Aber diese Dinge konnten die echte Freude nicht mehr hervorrufen. Und dennoch hatte ich trotz der schweren Wege, die ich gegangen bin, tief im Herzen doch immer noch Funken der Freude. Eine Gewissheit, dass das, was ich jetzt durchmachen muss, nicht umsonst ist. Dass ich nicht aufgeben werde und dass am Ende des Tunnels Licht ist. Ich bin dankbar, dass es mir in den letzten Jahren wieder geschenkt wurde, echte Freude am Leben zu haben. Als ich dann wieder einmal einen Termin beim Zahnarzt hatte, mich in den Stuhl setzte und mir die Assistentin in die Augen sah, konnten wir beide mit Freude feststellen: Die Augen leuchten wieder.

Und doch musst du dich immer bewusst daran erinnern, Sorgen und Probleme loszulassen.

Es fällt mir immer wieder auf, wie schwer ich mir damit tue, meinen Ballast loszulassen. Selbst wenn es manchmal nur Kleinigkeiten sind. Gut, dass uns das Leben immer wieder Gelegenheiten zum Üben schickt. Einmal, als ich auf der Universität in Innsbruck meinen Bücherstand aufgebaut hatte und ganz begeistert von meinem schönen Stand ein Foto machen wollte, glitt mir das Handy aus dem Etui und fiel auf den Boden. Das Handy war kaputt. Und meine Freude dahin. Alles schien mir trostlos: Ich kann meine Frau nicht mehr anrufen. Ich habe alle meine Daten verloren. Alle meine Fliegerfotos. Ich war am Boden zerstört.

Manchmal brauche ich nach einem unerfreulichen Erlebnis nur ein paar Stunden, bis es vergessen und verheilt ist. Manchmal dauert es ein paar Wochen. Ich wusste nicht, wie lange mich diese Situation beschäftigen würde. Ich haderte bis zum Abend und am nächsten Tag noch damit. Ich konnte nicht akzeptieren, dass mir das Handy hinuntergefallen war. Erst beim Heimfahren kam mir der Gedanke: Nimm doch das Leben nicht so ernst. Du kannst auch ruhig darüber lachen, dass dir das Handy entglitten ist. Dass du nicht vollkommen bist. Dass dir das passieren musste. Jetzt hast du die Chance mit deinen Kontakten bei Null anzufangen, ohne die vielen Telefonnummern, die du ohnehin nicht mehr brauchst. Und dann konnte ich auch anfangen, mich über ein neues Handy zu freuen. Ich konnte diese Situation hinnehmen, auch wenn ich sie mir nicht aussuchen würde. Ich wollte ihr nicht die Macht geben, mir das Leben schwer zu machen.

Nicht nur Sorgen, sondern auch Eifersucht kann die Freude auslöschen.

Eifersucht ist definitiv ein Freudenkiller. Als meine Tochter uns schrieb, dass sie 190 Flüge hatte und noch zehn Flüge brauchte, um auf 200 zu kommen, schrieben wir ihr: „Eigentlich sind wir fast neidisch auf deine vielen Flüge. Aber wir gönnen sie dir." Das Geheimnis liegt darin, sich mit dem anderen zu freuen. Auch wenn ich selbst weniger Flüge habe, oder gerne mehr Gelegenheiten zum Fliegen hätte. Die Freude des anderen zu teilen, statt neidisch zu sein, das ist ein gutes Rezept, wie auch ich mehr Freude erleben kann. Leonardo Da Vinci wird die Aussage zugeschrieben: „Schlecht steht es um den Schüler, der seinen Meister nicht überflügelt."[12] Das bedeutet aber auch, dass der Meister dem Schüler seinen Weg gönnen muss. Dass er sich daran freuen kann, wenn er überflügelt wird. Wenn wir es nicht auf die Reihe kriegen, uns daran zu freuen, wie der andere sich positiv entwickelt, dann hindert das die Freude. Ein mit Freude erfülltes Leben entsteht nicht dadurch, dass wir nur auf unsere eigenen Wege schauen und auf unser eigenes Wohl bedacht sind. Das Leben mit anderen zu teilen und gemeinsam mit ihnen zu gestalten, ist ein Schlüssel zur Freude.

Ich schrieb einmal meinen Kindern ein Email über ein Buch, das ich kurz zuvor gelesen hatte: *88 Dinge, die Sie mit Ihrem Kind gemacht haben sollten, bevor es auszieht.*[13] In diesem Buch kommentieren die Autoren Hans Rath und Edgar Rai in humorvoller Art und Weise 88 Dinge, die man mit seinen Kindern machen sollte. Sie zählen unter anderem auf:

- Zeit verplempern
- Mit Anstand verlieren
- Feiern
- Wünschen lernen
- Unsicherheit zeigen
- Ans Meer fahren

…und noch vieles mehr.

Das Buch machte mich dankbar für die Dinge, die ich mit meinen Kindern gemacht und erlebt hatte. Ich freute mich über die Wegstrecken, die wir gemeinsam gegangen waren und die wir in Zukunft noch gehen werden.

Aus dem Reichtum des Liederschatzes

Zum Thema Freude fällt mir das Lied „In dir ist Freude in allem Leide" ein. Wir verdanken die fröhliche Melodie dieses Liedes dem italienischen Komponisten Giovanni Gastoldi (1554-1609). Er schrieb das Lied mit dem Titel „A lieta vita" (Zum fröhlichen Leben) als Tanzlied und rühmte darin den Liebesgott Amor.

Zu dieser Melodie schrieb Cyriacus Schneegaß (1546-1597) den Text „In dir ist Freude". Schneegaß war evangelischer Pfarrer und Kirchenliederkomponist aus Thüringen. Er war verheiratet mit Dorothea Lindemann, mit der er acht Töchter und zwei früh verstorbene Söhne hatte. Soziales Engagement lag ihm sehr am Herzen. Er setzte sich für die Armenpflege ein und förderte die Schuleinrichtung seiner Gemeinde. In seinem Lied drückt er sehr schön aus, wie wir in Jesus wahre Freude haben, die auch von widrigen Umständen nicht ausgelöscht werden kann.

In Dir ist Freude

In Dir ist Freude, in allem Leide,
o Du teurer Jesus Christ.
Durch Dich wir haben himmlische Gaben,
der Du wahrer Heiland bist.
Hilfest von Schanden, rettest von Banden,
wer Dir vertrauet, hat wohlgebauet,
wird ewig bleiben. Halleluja!
Zu Deiner Güte steht das Gemüte,
an Dir wir kleben im Tod und Leben,
nichts kann uns scheiden. Halleluja!

Wenn wir Dich haben, kann uns nicht schaden
Teufel, Sünde, Welt und Tod.
Du hast's in Händen, kannst alles wenden,
wie nur heißen mag die Not.
Drum wir Dich ehren, Dein Lob vermehren
mit hellem Schalle, freuen uns alle
in dieser Stunde. Halleluja!
Wir jubilieren und triumphieren,
lieben und loben Dein' Macht dort oben
mit Herz und Munde. Halleluja!

Was würde geschehen

Was würde geschehen
wenn alle sagten:
„Was würde geschehen,
wenn wir von einer FREUDE erfüllt wären von innen heraus
ohne Abhängigkeit von äußeren Umständen…"

Und (k)einer hebt ab
aus dem Lande der Freudlosigkeit, des Konsumdenkens und der
Maßlosigkeit
um zu sehen was geschieht
wenn man die Flügel ausbreitet und abhebt
ins Land der Fülle
wo man fliegt.

Ich bin dankbar für das Wunder
das geschah
der Freude begegnet zu sein
und täglich aus ihr zu leben.

„Freut euch im Herrn allezeit. Noch einmal will ich es sagen: freut euch."
(Phil. 4,4)

Denkanstöße zur Freude

- Welche Emotionen sehe ich in meinem Gesicht, wenn ich in den Spiegel schaue?
- Was ist die Quelle meiner Freude?
- Was dämpft meine Freude?
- Kann ich innerliche Freude erleben, auch wenn die äußerlichen Umstände nicht angenehm sind?

3. Frieden

Winter in Werfenweng

Um des lieben Friedens willen
lässt man sich viel gefallen.
DEUTSCHES SPRICHWORT

Besser ein trockner Bissen mit Frieden
als ein Haus voll Geschlachtetem mit Streit.
DIE BIBEL

Es kann der Frömmste nicht in Frieden leben,
wenn es dem bösen Nachbar nicht gefällt.
FRIEDRICH SCHILLER

Der Frieden in Kürze

Frieden ist nicht nur die Abwesenheit von Krieg, sondern vielmehr eine innere Harmonie mit sich selbst und, wenn möglich, auch mit der Umwelt. In der Weihnachtsbotschaft heißt es: „Frieden den Menschen auf Erden". Das ist nicht ein politisches Programm, sondern eine Verheißung für den Frieden im Herzen.

Das Gegenteil von Frieden ist Unfrieden, der in seinem extremsten Ausmaß im Krieg endet. Bevor es zum Krieg kommt, bereiten aber Streit und Zwietracht schon den Nährboden für den Unfrieden. Meistens hat Streit seine Wurzeln in der eigenen Unzufriedenheit und Unfähigkeit Konflikte zu lösen. Das führt oft zu versteckter oder offener Gewalt in dem Versuch wieder Frieden herzustellen. Frieden kann aber nie mit Gewalt erzwungen werden.

In Johannes 14,27 verspricht Jesus seinen Jüngern Frieden indem er sagt: „Frieden hinterlasse ich euch, meinen Frieden gebe ich euch. Nicht so, wie die Welt gibt, gebe ich euch. Euer Herz erschrecke nicht und verzage nicht." Wer diesen verheißenen Frieden für sich in Anspruch genommen hat, hat nun auch die Verantwortung, als Friedensstifter zu fungieren. So heißt es in Matthäus 5,9: „Selig sind die Friedensstifter, denn sie werden Söhne Gottes heißen." Auch Franz von Assisi drückt diesen Gedanken aus, indem er betet: „Herr, mache mich zu einem Werkzeug deines Friedens."

Ein Gespräch mit meinem Flügel zum Thema Frieden

Allgemeine Überlegungen zum Frieden

In Frieden mit anderen zu leben ist gar nicht so leicht.

Ich habe im Laufe meines Lebens viel über das Thema Frieden nachgedacht. Ich bin ein Mensch, der gerne im Frieden mit seinen Mitmenschen lebt. Als junger Pastor machte ich die Erfahrung, dass meine Versuche, Frieden zu stiften, nicht immer zum gewünschten Ergebnis führten. Ich hatte Mitglieder in meiner Kirchengemeinde, die ganz genau wissen wollten, wie ich zu verschiedenen kontroversen Themen, wie zum Beispiel der Rolle der Frau in der Kirche, stand. Ich bemühte mich redlich ihnen gerecht zu werden, und dachte viel darüber nach, was die biblisch oder theologisch richtige Position wäre. Als ich ihnen aber dann meine reichlich durchdachte Antwort präsentierte, fanden sie sie doch nicht zufriedenstellend, weil sie nicht ihrer Meinung entsprach und so wurde aus meinem Bemühen, im Frieden miteinander zu leben, erst recht ein Kampf.

Ein guter Freund, Professor der Theologie in Deutschland, kann von ähnlichen Erfahrungen berichten. Auch ihm machen immer wieder Leute das Leben schwer, weil er sich dazu bekennt, wie er zu verschiedenen Themen steht. Als ich ihn eines Tages traf, meinte er: „Weißt du, Erwin, dass ich eigentlich schon fast gestorben wäre?" Ich war erstaunt und fragte: „Was ist los?" Und er gab zur Antwort, dass ihm die vielen theologischen Auseinandersetzungen und Kämpfe Gallensteine eingebrockt hätten.

Im Laufe meines Lebens habe ich einsehen müssen, dass es sich nicht lohnt, für bestimmte Themen zu kämpfen. Ich habe herausgefunden, dass es eine Facette des Friedens ist, nicht ständig mit den Menschen, die nicht meiner Meinung sind, Streitgespräche zu führen, egal, ob diese Auseinandersetzungen reale Gespräche sind oder in meinem Kopf stattfinden. Wenn wir glauben, andere zu unserer Meinung bekehren zu müssen, hindert das das friedliche Zusammenleben.

Was kann uns noch den Frieden rauben?

Wir versetzen uns selbst in Unfrieden, wenn wir nicht durchschauen, dass wir uns ständig mit anderen vergleichen. Spieglein, Spieglein an der Wand, wer ist der Schönste im ganzen Land? Oder der Reichste? Oder der Begabteste? Oder der Anerkannteste? Oder der Sportlichste? Oder der Draufgängerischste? Das kennen wir alle. Und wenn wir ständig auf die anderen schauen, die in gewissen Punkten besser sind als wir, werden wir mit uns selbst nicht in Frieden leben und unsere Aufgaben und Ziele aus den Augen verlieren.

In einem Zitat heißt es: „Wusstest du, dass es für einen Schmetterling physisch unmöglich ist, seine eigenen Flügel zu sehen? Wusstest du auch, dass die Flügel eines Schmetterlings als die schönste vorkommende Erscheinung in der Natur gelten? Sie können nicht sehen, wie schön sie sind, aber jeder andere sieht sie. Ich denke bei uns Menschen sieht das ähnlich aus."[14] Es gibt Leute, die nicht ständig mit sich selbst beschäftigt sind. Sie haben das Geheimnis gemeistert, sich selbst so anzunehmen, wie sie sind. Es ist gut, wenn wir bei uns selbst bleiben. Wenn wir mit unserer Persönlichkeit und unserem Leben zufrieden sind.

Die Fliegerei und der Frieden

Was hat der Frieden für dich mit dem Fliegen zu tun?

Wie ich gerade gesagt habe, ist es für unseren inneren Frieden wichtig, mit uns selbst zufrieden zu sein und uns nicht mit anderen zu vergleichen. Am Anfang meiner Fliegerei betrachtete ich des Öfteren am Startplatz die tollen

Ausrüstungen und Instrumente der anderen Flieger. Ich war beeindruckt. Aber als ich ihnen dann beim Aufziehen oder Starten zusah, musste ich feststellen, dass ich mich von Äußerlichkeiten blenden hatte lassen. Eine tolle Ausrüstung zu haben, bedeutet nicht automatisch, ein guter Flieger zu sein. Hier trifft das Zitat zu: „Wer einen Engel sucht und nur auf die Flügel schaut, könnte eine Gans nach Hause bringen."[15]

Ich persönlich brauche zum Fliegen einen inneren Frieden. Es ist nicht gut, wenn ich ungelöste Konflikte und Unstimmigkeiten im Kopf habe, wenn ich an den Start gehe. Ich kenne Menschen, die trotz ungelöster Probleme fliegen gehen können. Ich persönlich kann das nicht. Wenn ich beim Fliegen daran denken muss, dass ich mit jemandem aktuell in Unfrieden bin, hindert es mich daran, konzentriert an den Start zu gehen. Am Anfang meiner Fliegerei hatte ich ein Erlebnis, das mir das deutlich machte. In einem Gespräch meinte ein Freund, dass er mir etwas sagen musste, und dann knallte er mir Situationen aus den vergangenen Tagen an den Kopf, die ihn gestört hatten. Ich wusste, dass seine Beschuldigungen nicht stichhaltig waren, kam aber gar nicht dazu, meine Sicht zu erklären. Dieses Gespräch ging mir dann im Kopf herum, als ich auf einen Berg stieg. Während des Wanderns schaffte ich es nicht, diese Situation innerlich abzuschließen. Und so ließ ich dann an diesem Tag, weil ich voller Unruhe war, das Fliegen bleiben.

Wie gehst du mit Unstimmigkeiten im Umgang mit anderen Paragleitern um?

Da möchte ich Luis Trenker zitieren. In seinem dritten Bergsteigergebot sagt er: „Du sollst in den Bergen deine Erziehung und Bildung nicht vergessen."[16] Umformuliert aufs Fliegen heißt das: „Du sollst beim Fliegen nicht deine Erziehung und Ausbildung vergessen." Ob beim Start, während des Fluges oder beim Landen, ich habe in allen drei Bereichen erlebt, dass es Flieger gibt, die die Regeln völlig missachten. Es ist mir am Start mehrmals passiert, dass jemand seinen Flügel vor mir ausgebreitet und mich als ungeübten Flieger damit völlig aus der Ruhe gebracht hat. Oder ich habe während des Fluges Thermik gefunden und bin begeistert, dass ich hochkomme, und einer kommt daher und missachtet völlig die Vorrangregeln. Auch beim Landen ist es mir passiert, dass jemand unerwartet von links oder rechts in meine Flugbahn hineinkommt und vor mir landen möchte. Lassen wir uns deswegen nicht aus der Ruhe bringen. Wenn es angebracht ist, können wir diese Menschen darauf ansprechen. Soweit es möglich ist, sollten wir mit ihnen Frieden halten. Und wenn es nicht möglich ist, gehen wir trotzdem weiter unseren eigenen Weg.

Im Großen und Ganzen mache ich die Erfahrung, dass ich mich unter den Paragleitern sehr wohlfühle. Die meisten sind sehr bemüht für einander da zu sein und sich gegenseitig zu achten. In so einer Atmosphäre ist es leicht, im Frieden miteinander zu leben.

Gott und der Frieden

Was sagst du als Theologe zum Thema Frieden?

Ein wichtiger Vers zu diesem Thema steht im Römerbrief. Hier fordert der Apostel Paulus die Christen in Rom und in weiterer Folge auch uns heraus, indem er sagt: „Soweit es möglich ist und es an euch liegt, lebt mit allen Menschen in Frieden." (Römer 12,18) Paulus wusste, dass es nicht immer möglich ist, nach außen hin mit allen Menschen in Frieden zu leben. Aber er nimmt uns in die Pflicht, indem er sagt, „soweit es an euch liegt". Wir sollen aktive Schritte setzen, um in Situationen des Unfriedens wieder Frieden herzustellen. Nehmen wir also unsere Verantwortung wahr, den Frieden zu suchen. Aber wenn wir mit Leuten zusammentreffen, die mit uns nicht in Frieden leben wollen, dann ist es umso wichtiger loszulassen, uns abzugrenzen und aus dieser Umgebung weg zu starten und woanders hinzufliegen.

Welche Bibelstelle hilft dir besonders inneren Frieden zu finden?

Einer meiner Lieblingspsalmen ist der bekannte Psalm 23. Darin beschreibt König David in symbolischen Bildern, wie Gott uns Frieden und Ruhe gibt. Dieser Psalm hat mir schon oft in stürmischen Zeiten inneren Frieden gegeben. Deshalb zitiere ich ihn hier in voller Länge.

> Ein Psalm von David.
> Der Herr ist mein Hirte, ich leide nicht Not;
> auf grünender Weide lässt er mich lagern.
> Er führt mich an Wasser der Ruhe,
> Erquickung spendet er meiner Seele.
> Er leitet mich auf dem rechten Pfad, getreu seinem Namen.
> Und muss ich auch wandern im finsteren Tale,
> ich fürchte kein Unheil, denn du bist bei mir.
> Dein Stock und dein Hirtenstab, die geben mir Zuversicht.
> Du hast einen Tisch mir bereitet vor den Augen der Feinde.
> Du salbest mein Haupt mit Öl, mein Becher ist gefüllt bis zum Rande.
> Es geleiten mich deine Gnade und Huld durch alle Tage des Lebens.
> Und wohnen darf ich im Hause Jahwes für immerwährende Zeiten.

Es kann helfen, eine Bibelstelle in eigene Worte zu fassen. Viele Leute haben diesen Psalm bereits für sich umgeschrieben. Zwei Beispiele, die mir gut gefallen, möchte ich hier anführen. Das erste, das den inneren Frieden gut ausdrückt, ist von Toki Miyaschina.

> Der Herr gibt mir für meine Arbeit das Tempo an.
> Ich brauche nicht zu hetzen.
>
> Er gibt mir immer wieder
> einen Augenblick der Stille,

eine Atempause,
in der ich zu mir komme.
Er stellt mir Bilder vor die Seele,
die mich sammeln
und mir Gelassenheit geben.
Oft lässt er mir mühelos irgendetwas gelingen,
und es überrascht mich selbst,
wie zuversichtlich ich sein kann.

Ich merke:
Wenn man sich diesem Herrn anvertraut,
bleibt das Herz ruhig.
Obwohl ich manchmal viel zu viel Arbeit habe,
brauche ich doch den Frieden nicht zu verlieren.
Er ist in jeder Stunde da und in allen Dingen,
und so verliert alles andere sein bedrohliches Gesicht.
Oft – mitten im Gedränge – gibt er mir das Erlebnis,
das mir Mut macht.
Das ist, als ob mir einer eine Erfrischung reichte,
und dann ist der Friede da und eine tiefe Geborgenheit.
Ich spüre, wie meine Kraft dabei wächst,
wie ich ausgeglichen werde
und mir mein Tagwerk gelingt.

Darüber hinaus ist es einfach schön
zu wissen, dass ich meinem Herrn auf der Spur bin
und dass ich,
jetzt und immer
bei ihm zu Hause bin.[17]

Die zweite Version, abgedruckt in der christlichen Frauenzeitschrift Lydia,
thematisiert die Ruhe.

Bring mich zur Ruhe

Bring mich zur Ruhe, Herr,
erleichtere den Schlag meines unruhigen Herzens,
indem du meine Gedanken ordnest;
schenke Ausgeglichenheit meinem erregten Gang,
wende meinen Blick weg von der Vergänglichkeit dieser Zeit hin auf das
bleibend Ewige.

Gib mir inmitten der Wirren meines Tages die Ruhe
die die Erhabenheit der Bergwelt ausstrahlt;
durchbrich die Anspannung meiner Nerven,
indem du mir die Erinnerung wachrufst
an die besänftigende Musik des gleichmäßig gleitenden Stromes.

Hilf mir, die geheimnisvoll wiederherstellende Kraft des Schlafes zu entdecken;
lehre mich die Kunst, mich minutenweise zu entspannen,

indem ich innehalte, um eine Blume zu betrachten,
mit einem alten Freund plaudere
oder einem anderen Menschen ein gutes Wort schenke,
einen herrenlosen Hund streichele,
beobachte, wie die Spinne ihr Netzt baut,
einem Kind ein Lächeln schenke
oder Zeilen eines guten Buches auf mich wirken lasse.

Erinnere mich tagtäglich daran,
dass das Rennen nicht durch meine Hektik gewonnen wird
und dass das Leben mehr bedeutet,
als mir immer mehr aufzubürden;
lass mich lernen von den Ästen und Zweigen der turmhohen Eiche und mache
mir bewusst,
dass ihre Größe und Stärke durch Stetigkeit, Gleichmäßigkeit und Geduld
gewachsen ist.

Bring mich zu einem langsameren Lebenstempo, Herr,
und gib mir die Eingebung, meine Wurzeln tief zu gründen,
bleibende Lebenswerte fest in dir zu verankern,
dass ich in die Höhe wachsen möge,
immer mehr in die Bestimmung hinein, die du für mich hast.[18]

*Ruhe und Frieden sind für dich also eng verwandt. Mit welcher anderen
Tugend würdest du sagen, hat der Frieden eine enge Beziehung?*

Ich würde sagen, dass sich alle zwölf Tugenden gegenseitig ergänzen und
beeinflussen. Sie sind wie Geschwister, die von den Eltern gleichermaßen
geliebt werden. Ebenso sollten wir auch allen Tugenden in unserem Leben
Raum geben. Wenn wir uns auf nur eine der Tugenden konzentrieren, dann
leiden die anderen.

Paulus stellt im Brief an die Philipper zum Beispiel einen Zusammenhang
zwischen Freude und Frieden her: „Freut euch im HERRN allezeit, noch
einmal will ich es sagen, freuet euch. Euer gütiges Wesen sollen alle
Menschen erfahren. Der HERR ist nahe. Um nichts macht euch Sorgen. Lasst
vielmehr in jeder Lage eure Anliegen durch Bitten und Flehen mit
Danksagung vor Gott kund werden. Dann wird der Friede Gottes, der alles
Begreifen übersteigt, eure Herzen und eure Gedanken in Christus Jesus
behüten." Ich habe es erlebt, dass sich, wenn ich den Frieden gefunden hatte,
auch die Freude einstellte. Und es dauerte nicht lange, bis auch die
Dankbarkeit dazukam. Und so dann der Reihe nach auch noch die restlichen
Tugenden.

Abschließende Gedanken zum Frieden

Kannst du noch einmal kurz zusammenfassen, was uns helfen kann mit anderen in Frieden zu leben.

Es erschüttert mich, wenn ich mitbekomme, wie Ehepartner anfangen zu kämpfen. Wenn jemand nach langen Jahren draufkommt, dass der andere ihn hintergangen oder finanziell oder sonstwie ungerecht behandelt hat, dann beginnen die Streitereien. Anfangs nur im Kopf, dann lautstark und bald über den Rechtsanwalt. Man schwört sich, dass der andere keine Ruhe haben wird, weil man so schlecht behandelt worden ist. Aber durch solch eine Lebenseinstellung gewinnt man selber keinen Frieden. Dazu fällt mir ein Buchtitel von Bertha von Suttner ein: *Legt die Waffen nieder*. Ich denke, das ist in vielen Situationen ein guter Rat, den wir auch im übertragenen Sinne in unserem Leben beherzigen sollten. Wenn wir nicht mehr mit versteckten Tricks und hinterlistigen Absichten arbeiten, sondern die Waffen niederlegen und lernen loszulassen, dann sind wir auf dem Weg zum Frieden. Wenn wir zu der Einsicht kommen, dass wir den anderen nicht ändern können, dann können wir überlegen, wie wir trotzdem mit ihm oder neben ihm oder notfalls weit entfernt von ihm in Frieden leben können.

Aus dem Reichtum des Liederschatzes

Eines meiner Lieblingslieder zum Thema „Frieden" ist das Lied „Wenn Friede mit Gott meine Seele durchdringt." Es entstammt der Feder von Horatio Gates Spafford (1828-1888). Der gebürtige New Yorker war angesehener Anwalt in Chicago und hatte es durch seinen Fleiß zu einem beachtlichen Vermögen gebracht. Einen Großteil seines Geldes hatte er in Immobilien investiert. Als am 8. Oktober 1871 in einer Scheune im Westen von Chicago ein Feuer ausbrach, das sich immer weiter ausbreitete, gingen seine Investitionen im „großen Brand von Chicago" in Flammen auf. Trotz dieses harten Schlages verlor Spafford nicht den Mut. Als ihn sein Freund Dwight L. Moody, der Evangelist, zwei Jahre später einlud, ihm bei einer Predigttour in Europa zu helfen, buchte Spafford Tickets, um mit seiner Frau Anna und seinen 4 Töchtern nach England zu reisen. Seine Abreise wurde von einem dringenden geschäftlichen Problem verhindert, aber seine Frau und Töchter traten die Reise auf der „Ville du Havre" an. Am 22. November 1873 um 2 Uhr nachts kollodierte die „Ville du Havre" mit einem anderen Schiff und versank innerhalb weniger Minuten im Atlantik. Anna Spafford überlebte, aber ihre 4 Töchter ertranken. Sie schickte ihrem Mann ein Telegramm mit den schmerzerfüllten Worten „saved alone" (alleine gerettet). Im Angesicht dieser Hiobsbotschaft reiste Spafford nach England um seine

Frau zu trösten und schrieb auf der Überfahrt das Lied „Wenn Friede mit Gott."

Wenn Friede mit Gott

Wenn Friede mit Gott meine Seele durchdringt,
ob Stürme auch drohen von fern,
mein Herze im Glauben doch allezeit singt:
Mir ist wohl, mir ist wohl in dem Herrn.

Dem Ehepaar gelang es, wieder von vorne anzufangen. In ihrem Herzen wuchs die Liebe zum Volk Israel und 1881 wanderten sie ins Heilige Land aus und investierten den Rest ihres Vermögens, um in Jerusalem gemeinsam mit einigen anderen die American Colony zu gründen. Sie machten es sich zur Aufgabe, notleidenden Einwohnern von Jerusalem zu helfen, unabhängig von ihrer Religionszugehörigkeit und ohne missionarisches Ziel. Die American Colony gründete Suppenküchen, versorgte Waisenkinder, pflegte Kranke und Verletze und wurde von Juden, Christen und Arabern gleichermaßen geschätzt. 1888 verstarb Spafford an Malaria, aber die Arbeit der American Colony geht bis heute weiter.

Was würde geschehen

Was würde geschehen
wenn alle sagten:
„Was würde geschehen,
wenn wir mit uns selbst und den Nächsten in FRIEDEN leben würden..."

Und (k)einer hebt ab
aus dem Lande des Unfriedens
um zu sehen was geschieht
wenn man die Flügel ausbreitet und abhebt
ins Land der Fülle
wo man fliegt.

Ich bin dankbar für das Wunder
das geschah
dem Frieden begegnet zu sein
und täglich für den Frieden zu leben.

„Soweit es möglich ist und an euch liegt, lebt mit allen Menschen in Frieden." (Röm. 12,8)

Denkanstöße zum Frieden

- Bin ich mit mir selbst in Frieden?
- Bin ich, soweit es an mir liegt, mit allen Menschen in Frieden?
- Kann ich Dinge, die sich nicht klären lassen, loslassen?
- Gibt es für mich Frieden mit Gott?

4. Mut

Meerblick in Korsika

Dem Mutigen gehört die Welt
SPRICHWORT

Der Wille ist der Schlüssel, der Weg nur das Schloss,
und der Mut die Klinke.
UNBEKANNT

Sapere aude! Habe Mut, dich deines
eigenen Verstandes zu bedienen!
KANT

Der Mut in Kürze

Mut bedeutet für seine Überzeugungen einzustehen. In Situationen, wo sich die Angst einschleicht und wir davonlaufen wollen, brauchen wir Mut, um stehen zu bleiben. Männer und Frauen, die mit dem 3. Reich nicht einverstanden waren, zeigten mutige Widerstandskraft, die sich in Worten und Taten äußerte, zum Beispiel indem sie das Regime kritisierten oder Juden retteten.

Das Gegenteil von Mut ist Mutlosigkeit, Feigheit, Angst und Unentschlossenheit. Egal, ob jemand von Natur aus ängstlich ist oder nicht, jeder von uns kommt im Laufe des Lebens in Situationen, wo wir Mut brauchen, damit wir nicht die Flucht ergreifen, sondern der Furcht ins Auge sehen.

Einen Bibelvers zum Thema Mut finden wir im Buch Josua. Als Josua vor der fast unmöglichen Aufgabe stand das Vermächtnis von Mose weiterzuführen und das Volk Israel ins Gelobte Land zu führen, hatte er Phasen der Mutlosigkeit. Gott sprach ihm Mut zu, indem er sagte: „Gab ich dir nicht dieses Gebot: Sei stark und fest? Also sei ohne Furcht und Angst, denn Jahwe, dein Gott, ist mit dir überall, wohin du auch gehst." (Josua 1,8-9)

Ein Gespräch mit meinem Flügel zum Thema Mut

Allgemeine Überlegungen zum Mut

Was bedeutet für dich Mut in deinem Alltag?

Mut bedeutet für mich das Leben, wie es bis jetzt gelaufen ist, zu hinterfragen und etwas Neues auszuprobieren. Auch hat Mut im ganz alltäglichen Leben sehr viel mit Rückgrat zu tun, mit einem aufrechten Gang, damit, dass man sich nicht verbiegen lässt. Mut ist auch gefragt gegenüber Menschen, die nicht so denken wie ich und die eine andere Lebensphilosophie haben. Es geht dann nicht darum, dass wir den anderen bekriegen, zu uns bekehren oder auf unsere Seite ziehen wollen. Sondern darum, dass wir zu unserer Meinung und unserer Lebensphilosophie stehen. Das kann ganz schön schwierig sein.

Ich würde sagen, überall dort, wo es um Veränderungen geht, brauchen wir Mut. Es gibt Situationen im Leben, wo wir herausgefordert sind, den Tatsachen mutig ins Auge zu blicken. Zum Beispiel, wenn wir einen Schulwechsel, Jobwechsel oder Umzug in Betracht ziehen. Es kann eine Krise in der Ehe, in der Familie oder im Generationenwechsel sein, die uns zu Veränderungen zwingt. All das bietet uns die Chance, Mut zu einem neuen Anfang unter Beweis zu stellen. Auch in der Religiosität kann so ein neuer

Anfang notwendig sein. Wenn wir mit einem Gottesbild aufgewachsen sind, das nicht hilfreich ist, sondern krank macht, ist es dran zu überlegen, von wem unser Gottesbild geprägt worden ist und von welchen falschen Vorstellungen wir uns befreien müssen.

In welchen Situationen brauchen wir noch diesen Mut zu einem Neuanfang?

Es kann gut sein, dass einer erwachsenen Tochter oder einem Sohn irgendwann bewusst wird, dass Erziehung, Elternhaus oder Umgebung viel zu wenig hilfreich waren, seine oder ihre guten Eigenschaften und den Charakter zu fördern, sondern ihn oder sie in seiner Entwicklung gehindert haben. Dann braucht es Mut, um das eigene Leben selbst in die Hand zu nehmen. Sich von den Eltern oder von denen, die ihm oder ihr nicht gutgetan haben, zu lösen. Den Eltern, wenn nötig, zu sagen: „Ihr habt es gut mit mir gemeint. Ich bin dankbar für eure Fürsorge. Aber zum Teil ist das, was ihr mir mitgegeben habt, eine Behinderung in meinem Leben gewesen. Es hat mir geschadet. Und nun möchte ich mich an dem orientieren, was für mich Freiheit statt Gebundenheit, Freude statt Angst, Beweglichkeit statt Starrheit, Herzlichkeit statt Kälte bedeutet."

Du meinst es gehört Mut dazu, sich von dem zu lösen, was andere einem mitgegeben haben, und sich an neuen Werten zu orientieren.

Auf alle Fälle. Es kann dann der Mut entstehen, dass ich lernen will, mich selber gut zu behandeln, obwohl ich von meinen Eltern viel Härte mitbekommen habe. Oft ist es so, dass wir nicht merken, wo andere uns schlecht behandeln. Wir meinen, das gehöre zum Leben dazu. Sich zu entscheiden, sich selbst respektvoll zu behandeln, ist nicht leicht. Aber wenn ich aufhöre, zu mir selbst hart zu sein, dann können sich die Begeisterung und die Kreativität in mir regen. Dann kann mein Herz aufatmen. Dann schlägt der Puls schneller für das abenteuerliche Leben. Wenn ich den Mut habe, hinzuschauen, wo ich verletzt worden bin, und mir selbst und anderen zu vergeben, dann bekommt das Leben eine neue Chance. Es braucht Mut, ehrlich zu mir selbst zu sein und zu erkennen, wer ich aufgrund meiner Geschichte geworden bin. Wenn ich sehe, wer ich bin, dann kann ich auch überlegen, wer ich von heute an in der Zukunft gerne sein möchte. Es braucht Mut, die Vergangenheit loszulassen. Ich kann sie nicht mehr ändern. Es ist leicht in der Vergangenheit hängen zu bleiben, darin zu forschen und über gewisse Dinge nachzugrübeln. Nur wer mutig die Vergangenheit Vergangenheit sein lässt, kann offen in die Zukunft schauen. Die Sorgen über die Vergangenheit können mich für die Zukunft lähmen. Ich möchte den Mut haben, hier und jetzt im Heute zu leben. Und all das Gute zu tun, von dem ich weiß, dass ich es tun kann. Und selbst wenn es Dinge gibt, die ich heute mit meinem ängstlichen Herzen nicht geschafft habe, werde ich morgen eine neue Gelegenheit haben, es besser zu machen.

Es gibt also auch einen Mut sich selbst gegenüber?

Auf alle Fälle. Dazu fällt mir ein Zitat von Winston Churchill ein, der sagte: „Fast alle Menschen stolpern irgendwann einmal in ihrem Leben über die Wahrheit. Die meisten springen schnell wieder auf, klopfen sich den Staub ab und eilen ihren Geschäften nach, als ob nichts geschehen sei."[19] Wir brauchen nicht nur Mut, um anderen zu begegnen, sondern auch, um uns selbst zu begegnen und ehrlich in das eigene Herz zu schauen. Damit wir eben nicht, so wie Winston Churchill schreibt, uns schnell den Staub abklopfen und weitergehen, sondern uns fragen, wie das eigene Herz tickt, indem wir ehrlich uns selbst gegenüber sind und uns selbst hinterfragen. Es ist oft nicht so leicht zu durchschauen, wie uns das eigene Herz hinters Licht führt. Es kann passieren, dass wir andere Menschen ausnutzen, um unsere selbstsüchtigen Bedürfnisse zu befriedigen. Wir schaden ihnen, weil sie nicht durchschaut haben, dass sie manipuliert werden und nicht wissen, wie sie sich dagegen wehren können. Mein Ego kann dazu führen, dass ich anderen ihre Würde abspreche und sie in ihrem Leben einschränke.

Wenn wir nicht genug Mut haben, uns selbst gegenüber ehrlich zu sein, kann das also uns und anderen schaden.

Und ebenso kann auch die falsche Art von Mut schädlich sein. Einen schönen Spruch dazu fand ich bei Rabindranath Tagore, der sagte: „Fasst die Flügel des Vogels in Gold, und er wird sich nie wieder in die Lüfte schwingen."[20] Hier ist Mut gepaart mit einem übertriebenen Stolz. Hochmut und das Zur-Schau-Stellen des eigenen Könnens, um Anerkennung zu finden, ist ein gefährlicher Weg. Er beweist, dass wir die Grenzen nicht wahrnehmen, die uns gesetzt sind. Aus der Grenzenlosigkeit oder aus der Sucht heraus, beweisen zu müssen, wer wir sind, machen wir dann Fehler, die wir, wenn wir ein gesundes Selbstvertrauen hätten, nicht machen würden. Hier bewahrheitet sich das Sprichwort: „Hochmut kommt vor dem Fall."

Die Fliegerei und der Mut

Viele Leute würden sagen, dass du mutig bist, weil du paragleitest. Hast du beim Fliegen keine Angst?

Doch. Ich habe immer wieder Angst. Aber diese Angst hilft mir, ein besserer Flieger zu werden und keine zu großen Risiken einzugehen. Immer wieder sagen mir Leute, dass Fliegen viel zu gefährlich sei. Als ich vor kurzem eine Autopanne hatte, kam ich auch mit dem Pannendienstfahrer auf das Fliegen zu sprechen. Er meinte, dass uns Gott Flügel gegeben hätte, wenn er gewollt hätte, dass wir fliegen. Dem kann ich so nicht zustimmen, denn dann hätte

Gott uns auch Räder geben müssen, wenn er gewollt hätte, dass wir Auto fahren.

Mein erster Flug war ein Tandemflug. Als wir damals auf dem Berg standen, war mir bewusst, dass ich jetzt mein Leben einem Fremden anvertraue. Das war mutig von mir. Aber die Geschichte ging noch weiter. Mein Wunsch war, dass ich eines Tages selber fliegen und wie ein Vogel vom Berg hinunter ins Tal gleiten würde. Dazu brauchte es noch mehr Mut als dazu dem Tandempiloten, von dem ich wusste, dass er ein guter Paragleiter war, mein Leben anzuvertrauen. Zu sagen, dass es mein Wunsch ist zu fliegen, das erfordert Mut. Das dann auch umzusetzen bedeutet, dass ich mein Leben bewusst gestalte. Trotz der Rückschläge und Furcht in kleinen Schritten voranzugehen und weiterzumachen, auch wenn es Tage gibt, an denen nichts gelingt, dazu gehört Mut.

Als ich mit dem Paragleiten begann, bekam ich am zweiten Übungstag, als ich mit dem Sortieren meiner Leinen und mit den Landungen nicht zurechtkam, die folgende Nachricht von meiner Tochter: „Papa, viel Spaß heute. Und happy landings. Und wenn es nicht klappt, denk dir nichts." Ich schrieb zurück: „Wir haben heute ca. 13 Uhr aufgehört. Zu viel Wind. Mir hat's schon vorher nicht mehr richtig getaugt. Und nach zwei versemmelten Starts bzw. Bruchlandungen habe ich nur mehr zugeschaut."

Das ist eine Möglichkeit mit Entmutigung umzugehen: Zuschauen. In dieser Situation war es sicher nicht die beste Methode. Je mehr ich den anderen zusah, besonders den Jüngeren, desto deprimierter wurde ich. Sie konnten es besser als ich, waren mutiger und kaltschnäuziger. So schaute ich zu und versank dabei in einem Loch. Anstatt mir einzugestehen, dass ich an diesem Tag nicht so gut drauf war, verglich ich mich mit den anderen und überlegte, ob ich das Ganze hinschmeißen sollte. Es wäre besser gewesen zuzugeben, dass ich nicht mehr ganz jung bin und einfach länger brauche. Dass ich nicht mit den Jungen mithalten muss. Dass ich mir die Zeit nehmen darf, die ich brauche und mich an meinen kleinen Fortschritten freuen kann.

Aber du hast trotz dieser Entmutigung weiter gemacht.

Ja, denn es gab auch am Anfang schon immer wieder ermutigende Momente. Eines Nachmittags übte ich am Übungshang mit meiner Tochter das Aufziehen und Landen. Damals habe ich folgendes notiert: „Ich hab's sehr genossen mit meiner Tochter. Sie war bei meinem Flug mit ihrem Schirm so was von aufgeregt. Kein Wunder. Das war für sie das erste Mal, dass ich vor ihren Augen nervös und mutig zugleich abhob. So schön, dass uns beiden heute wieder die Flügel gewachsen sind und sie uns getragen haben."

Und an Tagen, wo es nicht so gut klappte, gab es immer wieder Leute, die mich ermutigt haben. Auf sie trifft folgendes Zitat zu: „Freunde sind wie Engel, die uns wieder auf die Beine helfen, wenn unsere Flügel vergessen haben, wie man fliegt." [21] So war es zum Beispiel bei meinem ersten Höhenflug. Meine Töchter wussten, dass ich am Start noch unsicher war. Und wirklich klappte es beim ersten und auch zweiten Versuch nicht. Da sagte meine Tochter, die mir als Starthelferin zur Seite stand: „Papa, uns ging's auch so." Das war für mich eine Ermutigung. So sehr, dass ich trotz meiner Verunsicherung nicht aufgab, sondern das Aufziehen ein drittes Mal probierte und dann klappte es.

Andererseits hast du auch andere ermutigt, zum Beispiel deine Tochter als sie frustriert war und entschieden hatte, die Fliegerei sein zu lassen.

Wir können alle ins Tal der Entmutigung kommen. Dann ist es wichtig, dass wir Leute an unserer Seite haben, die uns ermutigen und nicht fallen lassen. Die uns durch dieses dunkle Tal begleiten und uns daran erinnern, dass wir am nächsten Tag wieder eine neue Chance bekommen, Situationen mit Mut zu begegnen.

Damals schrieb ich meiner Tochter zur Ermutigung folgenden Brief:

Liebe Tochter!
Ich habe heute einen Vogel getroffen, bei dem die Flügel geknickt waren.
Früher warst du in einem goldenen Käfig. Dann hast du dich für die Freiheit entschieden, weil dir ein einfacher Zweig lieber war, als der goldene Käfig.
Doch jetzt bist du in Gefahr, von diesem Zweig herunterzufallen. Mit geknickten Flügeln kannst du nämlich nicht fliegen und fällst einfach auf den Boden.
Es gibt vielleicht jemand, der deine Flügel stutzen will, der versucht, darauf herumzutrampeln, aber das wird ihm nicht gelingen, weil da einige andere sind, die eine Schutzmauer um dich bilden werden und aufpassen, dass dir nichts Schlimmes passiert.
Deine Flügel dürfen dir nicht gestutzt werden. Du brauchst sie noch!
Und selbst wenn du heute alles hinschmeißen magst, DU BIST ZUM ABHEBEN GEBOREN!!
Über Nacht heilen deine Flügel vielleicht nicht schnell genug, um morgen gleich wieder abzuheben. Aber vielleicht schon übermorgen?!
Es braucht Geduld und Hoffnung, wirf sie nicht fort!
Und jetzt willst du sogar deinen Flügel aus Stoff verkaufen?!
Du weißt inzwischen, dass ich ein inniges Verhältnis zu Flügeln habe. Konrad Lorenz redete mit Gänsen. Der Pferdeflüsterer mit seinen Pferden. Ich rede mit Flügeln. Und sie reden mit mir.

Auch dein Flügel spricht, er hat mir ein SMS geschickt: „Lieber Flying Dad! Meine Fliegerin hat's heute schwer erwischt. Du weißt ja, sie hat's nicht leicht. Sage du ihr auch nochmals von mir – es ist unmöglich für mich die Flying Sisters zu verlassen. Das ist meine Welt, in der ich lebendig bin, atme, fühle…Aber wenn's im Moment gar nicht anders geht, kann ich nicht bei dir, Flying Dad, Unterschlupf finden? Kauf du mich, bevor ich irgendwo lande. Denn bei dir wäre ich zunächst gut aufgehoben und du gibst mich ja bestimmt meiner geliebten Fliegerin zurück, wenn ihr ihre persönlichen Flügel wieder gewachsen sind. Und in der Zwischenzeit kann ich sie jederzeit besuchen, für Ausflüge aller Art, damit wir uns nahe bleiben können."

Also – wieviel?
Hdl
Dein Papa

Dein Wunsch war es, selbst mit einem Paragleiter wie ein Vogel vom Berg ins Tal zu fliegen. Wie war das dann, als du dieses Ziel erreicht hattest?

Ich hätte sagen können: „Gut gemacht, du hast alles erreicht, was du dir als Ziel gesteckt hast." Aber so war es nicht. Als ich dieses Ziel erreicht hatte, wuchs auch mein Wunsch mehr zu erleben. Ich wollte nicht länger nur einmal vom Berg ins Tal fliegen, sondern darin wachsen, ein besserer Flieger zu werden. Ich wollte mich vertraut machen mit der Natur, in der ich lebe und fliege, und manche Gesetzmäßigkeiten kennenlernen, die es mir erlauben nicht nur vom Berg ins Tal zu fliegen, sondern eine Strecke zu fliegen. Ich wollte meine mir bekannten Grenzen erweitern, so dass ich mich trauen kann, nicht nur einen schönen Abgleiter zu machen, sondern ein paar Kunststücke in der Luft auszuprobieren.

Du hast also weitergemacht. Lief nach deinen ersten Höhenflügen dann immer alles glatt?

Natürlich nicht. Es gab immer wieder Tage, an denen es richtig war, das Fliegen bleiben zu lassen. Wenn ich nicht in der Verfassung war, mich dem allem mit einem guten Vertrauen zu stellen, wenn ich nicht mit ganzem Herzen bei der Sache sein konnte, dann musste ich auch nicht fliegen. Dann war es besser, mutig dazu zu stehen, dass es an diesem Tag nicht sein sollte und auf das nächste Mal zu warten.

Es klappt also nicht immer alles so, wie wir uns das vorstellen. Und dann dürfen wir wieder von vorne anfangen.

Dieser Mut zum Scheitern und der Mut zu einem Neuanfang ist ganz wichtig. Wir brauchen Mut zur Umkehr. Nicht nur beim Fliegen. Aber ich finde, dass das Fliegen hier ein schönes Bild für unser inneres Leben ist.

In der Fliegerei passiert es oft, dass wir am Startplatz stehen und dann die Entscheidung fällen müssen: Fliegen oder einpacken? Abheben oder ins Tal zurückgehen? Am Anfang meiner Fliegerei blieb jedes Mal, wenn ich die

Entscheidung getroffen hatte, umzukehren, ein Gefühl des Versagens in mir zurück. Ich sah mich leid, weil ich nicht fliegen konnte. Andere Flieger mit mehr Erfahrung waren trotz dieser Windverhältnisse gestartet. Für meine Freunde war es kein Problem, aber ich musste einpacken. Bis ich merkte, dass auch in diesen Situationen Mut gefragt ist. Mut, zu sich zu stehen. Ich bin eben noch nicht so weit wie die anderen und deshalb ist es jetzt klug für mich, einzupacken und kein Risiko einzugehen. Dieser Mut bedeutet, zu einer klaren Entscheidung zu kommen und dazu stehen. Und diese Klarheit bewahrt einen vor Dummheit und davor, in Situationen zu geraten, wo das eigene Leben auf dem Spiel steht.

Der berühmte Bergsteiger Hans Kammerlander sagte: „Umzukehren und abzusteigen ist eine der schwierigsten Entscheidungen in den Bergen. Vielleicht die schwierigste überhaupt. Ich habe lange gebraucht, bis ich das gelernt habe."[22]

Mut zur Umkehr bedeutet für mich, dass ich stolz darauf sein kann, wenn ich mich entscheide, dass ich den Verhältnissen nicht gewachsen bin und deshalb jetzt nicht fliegen kann. Es erfüllt mich nicht länger mit einem Gefühl der Traurigkeit oder des Versagens. In diesen Situationen muss ich mich nicht mehr länger mit anderen vergleichen, sondern ich kann voll und ganz zu mir selbst stehen.

Du würdest also sagen, es wäre das Gegenteil von Mut in solchen Situationen dann doch zu starten.

Ja, das wäre Hochmut. Er kann sich darin äußern, dass wir mit uns selbst nicht im Einklang sind, und deshalb Dinge tun, die wir nicht reflektiert haben. Das hat nichts mit einem gesunden Selbstwert zu tun, der mir hilft, mich der Angst entgegenstellen. Oder damit, dass ich diesen Sport gerne und mit Leidenschaft ausübe und zwar für mich selbst. Manchmal höre ich am Start gewisse Sprüche von Fliegern und frage mich, warum man so übertreiben muss. Da heißt es in Situationen, wo es besser ist, nicht zu starten: „Na, komm schon. Hau dich raus. Wirf dich runter." Wenn der Föhn im Anmarsch ist oder Nebelverhältnisse von einem Start abraten, überlege ich, ob es Mut oder Leichtsinn ist, wenn man dennoch startet, gegen alle Regeln eines gesunden Menschenverstandes und entgegen der Wetterprognose.

Oft ist dieser waghalsige Mut gepaart mit der Sucht nach Anerkennung. Man möchte anderen imponieren. Man möchte von anderen anerkannt werden. Man möchte von ihnen geliebt werden. Man möchte von ihnen gesehen werden. Das ist dann negativ, wenn unser Selbstwert viel zu sehr von anderen abhängig ist. Wenn wir die Flugleidenschaft dazu missbrauchen, anderen Bewunderung abzunötigen, werden wir nicht von unserer Sucht nach Anerkennung befreit werden. Sie wird sich in der Fliegerei höchstens verstärken, obwohl dort dann das eigene Leben in Gefahr ist. Dieses Schielen nach Beifall gibt es aber nicht nur in der Fliegerei. Sie ist eine generelle Charakterschwäche, die sich eben auch beim Fliegen zeigt.

Am Start sollte man sich also vor einem waghalsigen Mut hüten.

Ich finde, dass man am Start einen sanftmütigen oder demütigen Mut braucht, keinen Hochmut oder Leichtsinn. Ich möchte nicht sagen: „Ich hau mich raus", sondern „Ich starte wie ein Vogel. Ich hebe ab. Ich fliege davon." Ich möchte mit einem guten Gefühl starten. Ich möchte beim Hochziehen spüren können, wie der Schirm kommt und dann über mir steht, so dass ich dann ganz gelassen das Abheben und Rausfliegen genießen kann. Das ist ein anderer Mut als der Wagemut, den manche am Start beweisen, wenn sie blödeln, sich gegenseitig anfeuern und Sprüche klopfen wie „Hau dich raus". Dieser Mut ist gepaart mit Risikobereitschaft, die durch die Gruppendynamik über das vernünftige Maß hinaus erhöht wird. Der Sport des Paragleitens ist abenteuerlich. Aber er ist zu schön, als dass er mit diesem Hochmut, der bereit ist, sein Leben aufs Spiel zu setzen, verknüpft sein sollte. Man kann beim Fliegen den Gedanken haben: „Es ist doch bis jetzt immer gut gegangen, warum sollte es nicht auch dieses Mal klappen." Aber die Tatsache, dass noch nichts passiert ist, ist keine Garantie dafür, dass das Überschätzen des eigenen Könnens nicht dieses Mal schief gehen wird. Bis jetzt haben vielleicht tausende Engel den Flieger begleitet und beschützt, auch wenn er es nicht gespürt hat.

Du erlebst beim Paragleiten also Mut in vielen Facetten.

Das Paragleiten war und ist für mich ein schönes Bild für die innere Entwicklung, die wir durchmachen. Dafür, dass wir jeden Tag den Mut aufbringen dürfen, um neu zu starten. Dass wir einen Höhenflug genießen können. Und dass wir den Mut haben, in unserem Alltag zu landen. Aber auch Mut, um etwas Neues zu wagen. Mut, zum Leben zu stehen, so wie ich bin, meinen Platz einzunehmen und zu fragen: Was möchte ich mit meinem Leben machen? Was ist jetzt dran?

Gott und der Mut

Welche biblische Geschichte fällt dir zum Thema Mut ein?

Ein biblisches Beispiel für einen mutigen Menschen, der auch mit Entmutigung zu kämpfen hatte, ist der Prophet Elia. Er trat mutig gegen den Götzendienst der damaligen Zeit auf und stellte sich damit gegen das Königshaus. Als ihm aber die Königin ausrichten ließ, dass sie ihn vor dem Ende des nächsten Tages töten lassen würde, da heißt es von Elia, dem großen

Propheten: „Da geriet er in Angst, machte sich auf und ging davon, um sein Leben zu retten." (1. Könige 19,3)

Er lief der beängstigenden Situation also davon, obwohl er eben noch so mutig gewesen war.

Genau. Ich denke, dass das eine Strategie ist, die wir auch in unserem Leben immer wieder anwenden: Wir wollen uns der Situation nicht stellen, scheuen den Kampf und laufen vor einer Auseinandersetzung oder einem Menschen, der uns Angst macht, davon. Diese Angst kann sich äußern, indem wir weiche Knie haben, unser Herz zu pochen anfängt, wir im Bauch ein ungutes Gefühl verspüren oder von Albträumen verfolgt werden. Elia fühlte sich überfordert und sah keinen Ausweg mehr. Deshalb lief er davon und wanderte in die Wüste. Dort überfiel ihn eine mächtige Depression. Es heißt: „Als er soweit gekommen war, ließ er sich unter einem Ginsterstrauch nieder und wünschte sich den Tod, indem er sprach: ‚Nun ist es genug, Jahwe. Nimm meine Seele hin. Ich bin ja nicht besser als meine Väter.'" (1. Könige 19,4) Zum Glück ließ ihn Gott nicht in diesem Zustand. Er holte ihn heraus, indem er ihm einen Engel schickte, der zu ihm sagte: „Steh auf, iss! Denn sonst ist der Weg zu weit für dich." (1. Könige 19,7) Elia gehorchte, und dann führte ihn der Weg genau dorthin zurück, wo er Angst gehabt hatte. Gestärkt von seiner Begegnung mit Gott konnte er nun König Ahab mit Autorität und Rückgrat entgegentreten und dann sogar erleben, wie seine Worte bewirkten, dass dieser König, der als der böseste König Israels beschrieben wird, seine Taten bereute und umkehrte. Elias Mut kam dadurch zum Ausdruck, dass er seine Angst überwand und König Ahab schlussendlich standhaft gegenübertrat. So erfüllte Elia seinen Auftrag und Ahab erhielt die Chance zur Umkehr.

Welche andere Geschichte aus der Bibel passt zum Thema Mut?

Es gibt im Alten Testament ein schönes Gebet. Jabez betete kurz und bündig: „Mögest du mich doch segnen und mein Gebiet vermehren; möge deine Hand mit mir sein, und mögest du das Unglück fernhalten, so dass ich ohne Schmerzen bin!" (1. Chronik 4,10) In einer anderen Übersetzung heißt es: „… meine Grenzen erweitern…" Jabez meinte mit Grenzen die geographischen Grenzen seines Gebiets. Doch auch in unserem Inneren, in unserer inneren Landschaft, können wir Grenzen erweitern und überwinden. Dazu braucht es eine Portion Vision und Träume, gesunden Menschenverstand, Mut und Tatendrang. Es ist eine große Herausforderung unseres Lebens, aus unserer Komfortzone herauszutreten und die Grenzen in uns selbst überwinden zu wollen. Bereit sein, so weit zu gehen, dass sich unsere Träume und Wünsche Schritt für Schritt verwirklichen können.

Das kann die Chance für einen neuen Anfang sein, so wie es von Abraham heißt: „Ziehe fort aus deinem Land […] in das Land, das ich dir zeigen werde!" (1. Mose 12,1) Diesem Ruf zu folgen, erfordert Mut. Mut, sich verändern zu wollen. Es bedeutet, dass wir innerlich bereit sind, unseren gewohnten Lebensstil zu überdenken und uns auf Veränderungen einzulassen. Es braucht Mut, unser Leben aus einer ganz neuen Sichtweise zu sehen.

Abschließende Gedanken zum Mut

Was ist wichtig in Situationen, wo es mir nicht gelingt, so mutig zu leben, wie ich gerne möchte?

Ich werde Rückschläge erleben, auch wenn ich mutig durchs Leben gehe. In solchen Situationen gehört es dazu, dass ich Freunde um mich habe, die mich ermutigen, wenn ich am Boden liege.

Es ist auch wichtig zu wissen, dass Mut oft langsam entsteht. Unsere Träume lassen sich nicht von einem Tag auf den anderen verwirklichen. Wenn wir ihnen aber mehr Bedeutung zumessen, dann werden wir merken, dass wir unser Leben immer mehr danach ausrichten und ihnen Raum geben. Dann kann es sein, dass Dinge geschehen, die wir uns anfangs nicht erträumt hätten. Wir merken, dass wir zu etwas fähig sind, von dem wir vorher nicht gedacht hätten, dass wir es schaffen könnten. Wenn wir dann die erste Grenze überwunden haben, werden wir merken, dass es nun die nächste Grenze zu überwinden gilt. Das hat nichts mit Übermut zu tun. Wir bleiben dabei bei einer realistischen Einschätzung von uns selbst. Aber wir sind uns bewusst, dass wir zu mehr berufen sind, als nur als kleiner Wurm durchs Leben zu kriechen. Wir können unsere Flügel benutzen und abheben.

Und schließlich ist es wichtig, dass wir zu unseren Fehlern stehen. Wenn wir unser inneres Seelenleben anschauen, müssen wir feststellen, dass wir uns oft verlaufen haben und falsche Wege gegangen sind. Wissentlich oder unwissentlich haben wir andere verletzt. Wir haben Wunden geschlagen. Wir haben uns selber nichts Gutes getan. Wäre es da nicht fair und klug zu sagen, dass ich bei diesen Verhältnissen umkehre? Wenn ich erkenne, dass ich unter solchen Voraussetzungen nicht starten oder weitermachen kann, dann brauche ich Mut, um stehen zu bleiben. Wenn ich weiß, dass mein Verhalten eine Beziehung gefährdet, dann gehört Mut dazu zu sagen, dass ich so nicht weitermachen will und stattdessen haltmache und umkehre.

Mut schaut also nicht immer spektakulär aus.

Nein, oft ist es ein leiser Mut, der gefragt ist. Sanftmut statt Wagemut. Derjenige, der am lautesten schreit, ist nicht automatisch der Mutigste. Es gibt viele mutige Menschen, die ohne viel Aufhebens die Welt verändert haben. Der leise Mut ist ein innerer Mut, der sich von seinem Weg nicht abbringen lässt. Ein Spruch, den ich auf einer Ansichtskarte gelesen habe, fasst diesen Gedanken gut zusammen: „Mut ist nicht immer ein lautes Gebrüll. Manchmal ist es auch eine leise Stimme am Ende des Tages, die spricht: Morgen versuche ich es wieder." Wenn wir vor einer Entscheidung stehen oder etwas wagen sollten, ist nicht der laute, sondern der leise Mut, der aus dem Herzen kommt, gefragt. Ein anderer schöner Spruch von einem unbekannten Verfasser lautet: „Das ist unmöglich, sagt die Angst. Zu viel Risiko, sagt die Erfahrung. Macht keinen Sinn, sagt der Zweifel. Versuch's, flüstert das Herz."[23]

Luise Rinser sagte:

> Wir haben viel stärkere Flügel, als wir glauben.
> Wir wagen nur nicht, sie zu entfalten.
> Wir wagen nicht zu fliegen.[24]

Ein in sich festes, gestärktes Herz kann, auch wenn es Schwierigkeiten bekommt, durch nichts davon abgebracht werden abzuheben und zu fliegen. Die innere Kraft ist stark genug, um sich den Hindernissen entgegen zu stemmen, die von außen auf uns zukommen. Mut und Herz gehören zusammen. Nicht Mut und Sturheit. Nicht Mut und Hochmut. Nicht Mut und Prahlsucht. Sondern Mut und ein mutiges Herz.

Zum Abschluss noch ein Gedicht von Werner Gregorschitz:

> Hab Mut, sag ja
>
> Zu jedem Tag und geh.
> Blick nicht zurück
> In Angst nicht,
> nicht in Wehmut,
> nicht in Verzweiflung,
> auch in Panik nicht.
> Sag Dank,
> blick auf und geh in Gottes Namen!
> Den Schritt zum Nächsten,
> um zu grüßen,
> um zu trösten,
> um zu helfen,
> um zu fragen,
> um zu mahnen,
> um zu loben,
> um zu lieben,
> um zu leben,
> TAG für TAG!

Aus dem Reichtum des Liederschatzes

Das Lied „Nun aufwärts froh den Blick gewandt" stammt von August Hermann Francke (1663-1727), einem evangelischen Theologen, Pädagogen und Kirchenlieddichter, der durch die Francke'schen Stiftungen bekannt wurde. 1953 wurde ihm eine Briefmarke mit dem Titel „Helfer der Menschheit" gewidmet.

Francke war ein begabter Mann mit einer vielversprechenden akademischen Laufbahn. 1687 erlebte er eine Bekehrung und wurde ein Wegbereiter des Pietismus. An der vielbefahrenen Hauptstraße südlich von Halle errichtete August Hermann Francke das Hall'sche Waisenhaus. Das große, weithin sichtbare, 3-stöckige Gebäude beherbergte Druckerei, Labore, Lager, Buchhandlung, Apotheke, Kunst- und Naturalienkammer und Wohn- und Unterrichtsräume für die Schüler. Auf der Vorderseite des Hauses befindet sich ein Dachgiebel mit einem Wandgemälde. Zu einer goldenen Sonne fliegen zwei Adler mit geschwungenen Flügeln empor. Darunter liest man den Vers aus Jesaja 40,31 „Die auf den Herrn harren, kriegen neue Kraft, dass sie auffahren mit Flügeln wie Adler."

Nun aufwärts froh den Blick gewandt

Nun aufwärts froh den Blick gewandt
und vorwärts fest den Schritt!
Wir geh'n an unsers Meisters Hand,
und unser Herr geht mit.

Vergesset, was dahinten liegt
und euern Weg beschwert;
was ewig euer Herz vergnügt,
ist wohl des Opfers wert.

Und was euch noch gefangen hält,
o werft es von euch ab!
Begraben sei die ganze Welt
für euch in Christi Grab.

So steigt ihr frei mit ihm hinan
zu lichten Himmelshöhn.
Er uns voraus, er bricht uns Bahn -
wer will ihm widersteh'n?

Drum aufwärts froh den Blick gewandt
und vorwärts fest den Schritt!
Wir geh'n an unsers Meisters Hand,
und unser Herr geht mit.

Was würde geschehen

Was würde geschehen
wenn alle sagten:
„Was würde geschehen,
wenn wir MUTIG durchs Leben gehen…"

Und (k)einer hebt ab
aus dem Lande der Mutlosigkeit
um zu sehen was geschieht
wenn man die Flügel ausbreitet und abhebt
ins Land der Fülle
wo man fliegt.

Ich bin dankbar für das Wunder
das geschah
dem Mut begegnet zu sein
und das Leben und seine Herausforderungen
anzunehmen und zu überwinden
und täglich zu leben.

„Habe ich dir nicht geboten, dass du stark und mutig sein sollst? Sei unerschrocken und sei nicht verzagt; denn der HERR, dein Gott, ist mit dir überall, wo du hingehst!" (Josua 1,9)

Denkanstöße zum Mut

- In welcher Situation sollte ich mich aufmachen und losgehen?
- Wie könnte ich heute meine Angst überwinden und den ersten Schritt tun?
- Kenne ich waghalsigen Mut? Woher kommt dieser und wie kann ich richtig mit ihm umgehen?
- Wie wirkt sich der leise Mut in meinem Leben aus?

5. Treue

Werfenweng

So manchem gilt die Treue nix,
er sinnt auf immer neue Tricks.
REDEWENDUNG

Treue ist ein seltener Gast,
halt ihn fest,
wenn du ihn hast.
DEUTSCHES SPRICHWORT

Das Heil liegt in der Treue.
LATEINISCHES SPRICHWORT

Die Treue in Kürze

Treue bedeutet Zuverlässigkeit. Auf einen treuen Menschen kann man sich verlassen. Es ist empfehlenswert, sich gut zu überlegen inwieweit wir jemand anderem treu sein wollen. Bevor wir etwas versprechen, sollten wir gut abwägen, ob wir es auch einhalten können.

Das Gegenteil von Treue ist Untreue und Treulosigkeit. Damit assoziieren wir Unehrlichkeit, Unaufrichtigkeit und Verlogenheit. Jemand, der treulos ist, ist nicht mehr loyal. Er bleibt nicht dran an dem, was er versprochen hat. Er wird wortbrüchig. Er gibt auf, wenn er etwas verwalten oder bewahren soll und führt sein Vorhaben nicht zu Ende.

Gott hat uns versprochen, immer und in jeder Lage bei uns zu sein, selbst wenn wir manchmal untreu werden. „Wenn wir untreu sind – er bleibt treu, denn er kann sich nicht verleugnen." (2. Timotheus 2,13)

Ein Gespräch mit meinem Flügel zum Thema Treue

Allgemeine Überlegungen zur Treue

Was würdest du sagen ist die wichtigste Eigenschaft der Treue?

Um es mit einem Wort zu sagen: Dranbleiben. Im Alltag können uns gute Gewohnheiten helfen dranzubleiben. Wenn positive Rituale einen Platz in unserem Leben haben, fällt uns das Leben leichter. Warum nicht, bevor die Hektik des Tages beginnt, eine kurze Meditation einplanen? Oder bewusst vor dem Essen innewerden und dafür dankbar sein? Oder sich anzugewöhnen, schlechte Autofahrer zu segnen, statt sie zu beschimpfen?

Im Verhältnis zu anderen Menschen kann Treue bedeuten, dass man nicht gleich fahnenflüchtig wird oder feige davonläuft, wenn die Situation brenzlig wird. Somit ist Treue gepaart mit Geduld, mit Ausdauer, mit Verlässlichkeit. Sie ist das Gegenteil von einem Strohfeuer. Man kann schnell Feuer und Flamme sein für einen anderen Menschen, einen Sport, ein Hobby. Aber so schnell dieses Feuer entfacht ist, erlischt es auch wieder. Treue heißt dranbleiben. Treue bedeutet Verlässlichkeit in jeder Art von Beziehungen mit anderen, nicht nur in der Partnerschaft.

Als Buchhändler bedeutet Treue für mich, dass ich die Wünsche meiner Kunden ernst nehme und versuche sie zu erfüllen, selbst wenn das Buch, das sie suchen, nur ein paar Euro wert ist. Ich erlebe es immer wieder, dass Kunden überrascht sind, wenn ich mich nach Monaten bei ihnen melde, weil ich das Buch, um das sie mich gefragt hatten, gefunden habe.

Fällt dir ein Beispiel einer bekannten Persönlichkeit ein, der in der Beziehung mit anderen Treue bewiesen hat?

Ich finde ein gutes Beispiel ist der Missionar und Afrikaforscher David Livingstone. Von ihm heißt es:

> Als der Missionar und Afrikaforscher David Livingstone (1813 – 1879) zum zweitenmal mit einer ihm treu ergebenen Trägerkolonne aus dem Stamm der Makololo Afrika durchzogen hatte, ging ihm das Geld zur Neige. Mit dem Rest der Tauschwaren gelang es ihm, einen Häuptling am Sambesi dazu zu bewegen, für seine dreihundert Männer zu sorgen, bis er aus England zurückgekehrt sei, wo er neue Mittel sammeln wollte. Den Makololo Leuten aber versprach er, so schnell wie möglich wiederzukommen und sie dann mit einem großen Schiff in ihre Heimat (Sansibar gegenüber) zurückzuführen. Livingstone reiste ab. Bald schon erhob sich der Spott der Sambesi-Leute: "Meint ihr, der weiße Mann wird je wiederkommen? Wo ist ein Weißer, der für Schwarze Zeit und Geld opfert?" Die Makololo antworteten: "Ihr kennt unseren Vater nicht! Sein Leben würde er für uns lassen! Er kommt gewiss wieder und bringt uns dann nach Hause!" Ein Jahr verging. Etliche Makololo wurden krank und starben. Das zweite Jahr verstrich. Die Sambesi-Leute höhnten lauter und lauter. Die Makololo Leute aber blieben umso fester dabei: "Er wird ganz gewiss wiederkommen!" – Und tatsächlich: Eines Tages hörte man in der Ferne ein Brausen und Rauschen und ein Getöse unbekannter Art. Alles rannte zum Fluss hinunter. Pustend und schnaubend kam ein großes Dampfschiff heran, das erste, das den Sambesi befuhr. Mit dem lauten Jauchzer: "Unser Vater! Unser Vater!", warfen sich die Makololo ins Wasser, kletterten an Bord und fielen dem treuen Mann um den Hals.[25]

Was mich an dieser Geschichte fasziniert ist, dass die Makololo-Leute völliges Vertrauen in David Livingstone hatten und er sie nicht enttäuschte.

Was passiert, wenn meine Treue vom anderen nicht gewürdigt wird?

Im Idealfall ist Treue gegenseitig. Es gibt aber auch einseitige Treue. Es kann zum Beispiel sein, dass bei einem Ehepaar der eine die Treue hält und der andere diese Treue ausnützt und Seitensprünge macht. Genauso kann es im Berufsleben sein. Es gibt Familienbetriebe, die darauf bedacht sind, dass ihre Mitarbeiter stets loyal sind und alles für die Firma tun. Aber im Gegenzug werden die Mitarbeiter ausgenutzt. Der Arbeitnehmer investiert viel von seiner Zeit, zum Teil sogar seiner Freizeit, in dieses Familienunternehmen und dieser Einsatz wird nicht geschätzt. Er ist nur angestellt. Er bekommt zwar am Monatsende seinen Lohn, aber die Gewinne, die durch seinen Einsatz erzielt werden, kommen der Firma zugute und nicht den Arbeitnehmern. So kommt dieser Mitarbeiter irgendwann drauf, dass er für seinen Einsatz zu wenig Wertschätzung bekommt und beschließt zu kündigen. Die Chefetage ist dann völlig erstaunt, was zu dieser Kündigung geführt hat. Wenn man nur einseitig für andere Leute die Treue hält, kommt man irgendwann an einen Punkt, wo es sinnvoll ist, bestimmte Beziehungen aufzulösen. Das hat dann nichts mit Untreue zu tun, sondern damit, dass man beschlossen hat, sich selbst treu zu sein.

Die Fliegerei und die Treue

Wie wirkt sich Treue in der Fliegerei aus?

Beim Paragleiten bedeutet Treue ebenfalls dranzubleiben und nicht bei jeder Schwierigkeit aufzugeben. Als ich mit dem Paragleiten anfing, war ich ungeduldig, weil ich nicht so schnell Fortschritte machte, wie ich mir das vorgestellt hatte. Einer meiner Fluglehrer sagte zu mir: „Erwin, du bist nicht mehr der Jüngste. Lass dir einfach Zeit. Auch wenn du länger brauchst. Aber bleib dabei."

Wer sich beim Paragleiten treu und engagiert weiterbildet und übt, wer auf der Wiese groundhandelt, wer bereit ist, etwas dafür zu tun, sich in der Luft und am Boden zu verbessern, der wird die Früchte seiner treuen Arbeit ernten. Er wird ein besserer Flieger werden. Wer Kameradschaft unter den Sportlern unter Beweis stellt, der wird auch etwas zurückbekommen an Hilfsbereitschaft, an Achtung, an Liebe.

Beim Bergsteigen spricht man nicht so sehr von Treue, sondern mehr von Kameradschaft. Luis Trenker sagt im fünften seiner Bergsteiger-Gebote: „Du sollst die Bergkameradschaft in hohen Ehren halten! Bist du Führender, so sei nicht herrisch und eigensinnig, nicht überlegen triumphierend und nicht gnädig herablassend, sei rücksichtsvoll und geduldig und gib anderen von deinem geistigen und leiblichen Besitz gerne ab; das Können des Schwächsten sei der Maßstab für deine Entschlüsse. [...] Bist du der Geführte, so füge dich besserem Wissen und Können, gib selbst dein Bestes und versuche zu lernen, wo es nur immer geht."[26] Der bekannte Bergsteiger Edmund Hillary schien zu bezweifeln, dass diese Art der Kameradschaft in der Kletterei und im Bergsport noch erlebbar sei. „Mit Abscheu geißelte er einen Landsmann, der im Mai 2006 einen halberfrorenen Engländer kurz vor dem Everest-Gipfel liegen ließ, um selbst den höchsten Punkt zu erreichen. Der Engländer starb. Tugenden wie Kameradschaft seien auch am Berg dem Ehrgeiz der Ich-Menschen gewichen, so die feste Überzeugung des berühmten Bergsteigers."[27]

Ich habe allerdings beim Paragleiten schon viele positive Erlebnisse mit Treue und Kameradschaft gehabt. Zum Beispiel wenn Freunde von mir, die besser fliegen als ich und selbst schnell starten könnten, sich die Zeit nehmen, mir beim Start zu helfen oder mir die Flugrichtung und die Landeeinteilung zu erklären.

Die Wichtigkeit der Kameradschaft wurde mir auch bewusst, als ein Bekannter von mir beim Starten abstürzte und mit Glück wohlbehütet 50m weiter unten von den Latschen aufgefangen wurde. Ich war am Starten, schnallte mich aber, als ich das mitbekam, sofort ab und rief ihm zu, ob er Hilfe brauchte. Obwohl er im ersten Schock meinte, er würde allein zurechtkommen, verzichtete ich auf meinen Flug und half ihm, mitsamt seinem Flügel wieder nach oben zu kommen.

Die Gott und die Treue

Wie siehst du als Theologe die Treue?

In der Bibel wird betont, dass Gott ein Gott der Treue ist. Das bedeutet für mich, dass Gott für mich und bei mir ist. Dass er mich nicht alleine oder im Stich lässt. Im Psalm 23 heißt es: „Und muss ich auch wandern im finstern Tale, ich fürchte kein Unheil, denn du bist bei mir." (Psalm 23,4)

Treue ist gefragt. In der Ehe und Partnerschaft, im Verhältnis von Eltern und Kindern und in der Religion. Ich würde sagen, dass meine Treue in der christlichen Religion eine gute Grundlage dafür ist, die Treue auch in anderen Lebensbereichen zu kultivieren.

Mutter Teresa ist ein positives Beispiel für die Treue. Sie hatte ein so starkes Bewusstsein ihrer Berufung und Lebensaufgabe, dass sie nicht abhängig von der Wertschätzung der Mitmenschen war. In einem Gedicht drückt sie das folgendermaßen aus:

Trotzdem

Die Menschen sind unvernünftig, irrational und egoistisch.
Liebe diese Menschen trotzdem.

Wenn du Gutes tust, werden dich die Menschen beschuldigen, dabei selbstsüchtige Hintergedanken zu haben.
Tue trotzdem Gutes.

Wenn du erfolgreich bist, gewinnst du falsche Freunde und wahre Feinde.
Sei trotzdem erfolgreich.

Das Gute, das du heute getan hast, wird morgen schon vergessen sein.
Tue trotzdem Gutes.

Ehrlichkeit und Offenheit machen dich verwundbar.
Sei trotzdem ehrlich und offen.

Die Menschen bemitleiden Verlierer, doch sie folgen nur den Gewinnern.
Kämpfe trotzdem für ein paar von den Verlierern.

Woran du Jahre gebaut hast, das mag über Nacht zerstört werden.
Baue trotzdem weiter.

Die Menschen brauchen wirklich Hilfe, doch es kann sein, dass sie dich
angreifen, wenn du ihnen hilfst.
Hilf diesen Menschen trotzdem.

Gib der Welt das Beste, was du hast, und du wirst zum Dank dafür einen Tritt
erhalten.
Gib der Welt trotzdem das Beste.

Letztendlich ist dann alles eine Angelegenheit zwischen dir und Gott.
Sowieso war es nie eine Angelegenheit zwischen dir und anderen.[28]

Mutter Teresa weist darauf hin, dass unsere Treue von Gott belohnt wird.
Wenn es eine Angelegenheit zwischen dir und Gott ist, dann kann dir weder
Tadel schaden, noch Lob in den Kopf steigen. Dann orientiert sich die Treue
im Gutes Tun allein daran, wie es der Apostel Paulus ausdrückt: „Was immer
ihr tut, das tut von Herzen, wie etwas, was für den Herrn geschieht und nicht
für Menschen. (Kolosser 3,23)"

Abschließende Gedanken zur Treue

Was möchtest du deinen Lesern zum Abschluss dieses Kapitels noch sagen?

Der bekannte deutsche evangelische Theologe Jörg Zink, der am 9.9.2016
verstorben ist, durfte mit seiner Frau bis ins hohe Alter eine glückliche
Partnerschaft leben. Und so wie er können auch wir staunen, wenn uns dieses
Geschenk zuteil wird. Weil ich seine Einsichten sehr wertvoll finde, möchte
ich zum Abschluss dieses Kapitels einen längeren Abschnitt aus seinem Buch
Ufergedanken zitieren. Jörg Zink spricht sieben Dinge an, die helfen können,
dass die Partnerschaft gelingt. Einer dieser Punkte ist das Dabeibleiben, das
in der Treue so wichtig ist.

An meinem 83. Geburtstag überreichte mir Heidi ein Säckchen, gut ein Pfund
schwer. Es fühlte sich an, als wäre grober Sand darin oder kleine Samen. Außen
zeigte ein Schild die Zahl 21721. Als ich es öffnete, waren es Weizenkörner aus
dem Getreidevorrat, aus dem sie unser Brot zu backen pflegt. Die Zahl außen
bedeutete die Zahl der Tage, die wir gemeinsam gelebt haben. Abgezählt,
errechnet, gewogen. Es war seltsam erregend, eine kleine Handvoll davon
herauszunehmen und durch die Finger rieseln zu lassen. 21721. Welch eine
ungeheure Zahl! Alles Tage! Was mag an ihnen geschehen sein, das die
Erinnerung nicht festhalten konnte? Und es war doch gewesen. Was für ein
Reichtum! Welch lange Geschichte!

Gelegentlich erleben wir das überraschte Staunen junger Menschen über die
Tatsache, dass wir seit siebenundfünfzig Jahren verheiratet, seit fast sechzig
Jahren verbunden sind. Wie das möglich sei, fragen sie, wie man das mache.

Aber ich weiß selbst nicht so recht, ob ich das weiß. Wenn die wichtigen Dinge gelingen, haben sie immer auch Gründe, die außerhalb unseres Wahrnehmens liegen.

Die ich zu fassen bekomme, will ich nennen. Aber es sind vielleicht nicht einmal die entscheidenden.

Vielleicht ist das Erste, das helfen kann, ein Gönnen. Dem anderen eigene Wege gönnen, eigene Zeit, einen eigenen Zeitrhythmus, eigene Entscheidungen, eigene Wünsche. Eigene Freundschaften. Überhaupt ihm gönnen, dass er ein eigener Mensch ist, der sein Leben mit seinen eigenen Augen sieht.

Vielleicht ist es danach ein Lassen. Ein freilassender Respekt vor den Gedanken des anderen, die man nicht alle zu wissen braucht. Respekt vor seinen inneren Erfahrungen, die er nicht alle zu erzählen und die man selbst nicht zu wissen braucht. Ein Wissen auch, dass eine Frau und ein Mann kaum etwas gleich empfinden werden. Respekt auch vor dem Gebet, das verborgen im anderen geschieht, ohne dass es laut werden muss. Glaubensvorstellungen, die ganz die eigenen bleiben. Und vor allem, niemals zu verlangen, dass der eine den anderen zu imitieren habe.

Ein Drittes ist wohl das Dabeibleiben. Ein Bleiben auch in den Dunkelheiten, die über die Seele des anderen ziehen und die nicht vorschnell weggewischt werden wollen. Gerade das Dunkle braucht Zeit. Ein Bleiben an dem Lager, an dem der andere ein Leiden durchzustehen hat. Aber es dann dem anderen überlassen, zu sagen, was ihm wirklich hilft, und es nicht besser wissen wollen.

Etwas Viertes ist ganz sicher ein Weitergehen. Wenn eine Ungeschicklichkeit geschehen ist, ein Versäumen oder Versagen, wenn eine Verletzung zurückbleibt, weitergehen. Noch am selben Abend die Entfremdung oder den Streit beenden. In jede Nacht in Frieden gehen. Wer den Segen genießt, mit einer Frau zu leben, die diese Kunst einer Ehe meisterlich beherrscht, vor dem nächsten Tag alles Störende zurückzulassen, der weiß, wo das Glück zu Hause ist.

Und dann vielleicht sagen: Ich kenne die Stellen in dir, an denen du unsicher bist, darum will ich dort stehen und dich halten. Ich sehe deine Fehler, darum will ich dort, wo deine Fehler sind, bei dir sein. Wo solltest du mich nötiger brauchen als dort? Ich weiß, dass du kein Held bist. Ich sehe dein Misstrauen und deine Sorge, darum will ich dir dort, wo deine Angst ist, beistehen. Und so, wie du wirklich bist, bist du unersetzlich für mich. Diese Liebe ist der Anfang des Friedens.

Ein Fünftes vielleicht: Möglichst nah nebeneinander gehen, aber einander nicht analysieren. So nah kann niemand einem anderen sein, dass er wissen könnte, wer der andere in einem letzten Sinn eigentlich sei. Die Augenblicke abwarten, in denen sich plötzlich oder allmählich etwas vom anderen offenbart. Und so allmählich ein Bild von der inneren Welt, in der der andere lebt, gewinnen.

Ein Sechstes ist ein langsames, behutsames Annähern. Ein Vertrautwerden mit der inneren Landschaft des anderen. Das eine oder andere in die eigene

Landschaft herübernehmen. Dann mehr. Nicht mit dem Ziel, es müsste sich eine völlige Übereinstimmung der Überzeugungen und Empfindungen des einen mit dem anderen einstellen. Aber so, dass Gedanken und Bilder in der Seele des einen und des anderen einander ähnlicher werden. Am Ende werden beide sich unter dem Ziel ihres gemeinsamen Wanderns – fast – das Gleiche vorstellen können.

Ein Letztes noch: Es keinen Tag selbstverständlich finden, dass uns dieser Partner auf unserem Weg mitgegeben ist. Jeden Tag seine Nähe als gnadenhaftes Geschenk empfinden. Zum Geschenk aber stimmt eine lebenslange Dankbarkeit.

Was soll ich noch andeuten? Vielleicht dies, dass diese sieben Regeln alle ihren alltäglichen Ort im gemeinsamen Leben haben wie auch in der spirituellen Tiefe. Im Rausch des Glücks ebenso wie in der „dunklen Nacht der Seele", von der die Mystiker wissen und die jeder kennt, der dem Leben in seiner Abgründigkeit zusieht. Mit dem anderen zusammen in die Abgründe schauen. Mit dem anderen sich ausdenken, was über unser kurzes Menschenleben hinausliegt. Offen lassen, ob die Ewigkeit eine neue Gemeinsamkeit stiftet oder ob der andere nur im Gedächtnis der Ewigkeit weiter mit einem gehen wird. Offen lassen, was nicht festgelegt oder festgedacht zu werden braucht. Und vertrauen, dass alles gut sein wird. (Ufergedanken, S. 137-141)

Aus dem Reichtum des Liederschatzes

Das Lied „Gott wird dich tragen" stammt von Fanny Crosby (1820-1915), einer amerikanischen Liederdichterin. Sie schrieb über 8000 Texte und viele ihrer Lieder sind auch ins Deutsche übersetzt worden. Fanny Crosby stammte aus ärmlichen Verhältnissen. Im Alter von sechs Jahren erlitt sie in Folge einer Erkältung eine Augenentzündung, die falsch behandelt wurde und zur Erblindung führte. Durch den Einfluss ihrer Mutter lernte sie schon früh ganze Passagen der Bibel auswendig. Nie ließ sie sich durch ihre Behinderung davon abhalten, am öffentlichen Leben aktiv teilzunehmen. 1858 heiratete Fanny Crosby den ebenfalls blinden Musiker Alexander Van Alstyne, der darauf bestand, dass sie ihren Mädchennamen behielt. Ihre einzige Tochter verstarb bereits als Baby.

Auf Fanny Crosbys Grabstein steht die liebevolle Bezeichnung „Tante Fanny". Fanny Crosby war schon zu Lebzeiten eine der bekanntesten Frauen der USA. Sie hatte zahlreiche Kontakte zu einflussreichen Persönlichkeiten, einschließlich des amerikanischen Präsidenten. So spielte sie beispielsweise 1885 auf der Beerdigung des Präsidenten Ulysses S. Grant ihr Lied „Sicher in Jesu Armen".

Gott wird dich tragen

Gott wird dich tragen, drum sei nicht verzagt,
treu ist der Hüter, der über dich wacht.
Stark ist der Arm, der dein Leben gelenkt,
Gott ist ein Gott, der der Seinen gedenkt.

Refr.: Gott wird dich tragen mit Händen so lind.
Er hat dich lieb wie ein Vater sein Kind.
Das steht dem Glauben wie Felsen so fest:
Gott ist ein Gott, der uns nimmer verlässt.

Gott wird dich tragen, wenn einsam du gehst;
Gott wird dich hören, wenn weinend du flehst.
Glaub' es, wie bang dir der Morgen auch graut,
Gott ist ein Gott, dem man kühnlich vertraut.

Gott wird dich tragen durch Tage der Not;
Gott wird dir beisteh'n in Alter und Tod.
Fest steht das Wort, ob auch alles zerstäubt,
Gott ist ein Gott, der in Ewigkeit bleibt.

Was würde geschehen

Was würde geschehen
wenn alle sagten:
„Was würde geschehen,
wenn wir uns zur TREUE verpflichten…"

Und (k)einer hebt ab
aus dem Lande der Treulosigkeit
um zu sehen was geschieht
wenn man die Flügel ausbreitet und abhebt
ins Land der Fülle
wo man fliegt.

Ich bin dankbar für das Wunder
das geschah
der Treue begegnet zu sein
um täglich mit Geduld und Gelassenheit
auf dem Weg zu bleiben.

„Recht so, du guter und getreuer Knecht, du bist über weniges treu gewesen,
ich will dich über vieles setzen. Geh ein in die Freude deines Herrn."
(Matth. 25, 21)

Denkanstöße zur Treue

- Tendiere ich eher dazu in schwierigen Situationen davonzulaufen oder dranzubleiben?
- Welche Menschen haben mich mit ihrer Untreue enttäuscht und wie gehe ich damit um?
- Welche Menschen sind mir ein Vorbild in der Treue?
- Ist es für mich erstrebenswert meinem Partner ein Leben lang die Treue zu halten, so wie es Jörg Zink beschreibt?

6. Dankbarkeit

Abendstimmung am Gaisberg

Dankbarkeit und Weizen gedeihen nur auf gutem Boden.
DEUTSCHES SPRICHWORT

Nicht die Glücklichen sind dankbar.
Es sind die Dankbaren, die glücklich sind.
FRANCIS BACON

Dankbare Menschen entdecken überall Geschenke.
THOMAS ROMANUS

Die Dankbarkeit in Kürze

Dankbarkeit hat zunächst einmal mit Denken zu tun. Wer darüber nachdenkt, wie viel er in der Vergangenheit schon empfangen hat, bleibt dankbar. Dankbarkeit hat auch mit Zufriedenheit und Wertschätzung zu tun. Das Gegenteil von Dankbarkeit ist Undankbarkeit. Ein undankbarer Mensch kann das Gute nicht erkennen, das ihm in der Vergangenheit zuteil geworden ist. Er steht immer in der Gefahr, zu sehr auf andere zu sehen. Er betrachtet mit Neid und Missgunst das, was die anderen in seinen Augen nicht verdient haben und ist unzufrieden mit sich und der Umwelt.

Christen haben bewusst eine bestimmte Adresse für ihren Dank. Sie danken Gott, der ihnen das Leben gegeben hat, so wie es der Apostel Paulus ausdrückt: „Seid allezeit fröhlich, betet ohne Unterlass, seid dankbar in allen Dingen." (1. Thessalonicher 5,16-17) In und durch Christus danken wir Gott für seine große Rettungstat. Aus Dankbarkeit dafür, dass wir durch Jesus Christus neues Leben bekommen haben, dienen wir ihm von ganzem Herzen mit unseren Möglichkeiten, ohne uns mit anderen zu vergleichen.

Ein Gespräch mit meinem Flügel zum Thema Dankbarkeit

Allgemeine Überlegungen zur Dankbarkeit

Du hast seit einiger Zeit die Gewohnheit, jeden Morgen nach dem Aufstehen in dein Tagebuch zu schreiben. Was schreibst du denn da so hinein?

Ich schreibe jeden Morgen meine Gedanken zu drei verschiedenen Punkten auf. Einer davon ist: Wofür ich heute dankbar bin. Da schreibe ich dann zum Beispiel: Für die gute Nacht. Für den heutigen Tag. Für mein Leben. Dafür, dass von den Zehen bis in die Haarspitzen alles an meinem Körper funktioniert. Das ist ein Wunder. Ich bin dankbar für meine Ehefrau, für meine Kinder, für meine Schwiegerkinder und Enkelkinder und für vieles andere mehr. Es tut gut, am Beginn eines neuen Tages ein paar Dinge aufzuschreiben, für die ich dankbar bin.

Es ist schön, wenn diese Dankbarkeit erwidert wird. Eine meiner Töchter schrieb mir einmal zum Vatertag: „Lieber Papa! … Ich bin dem lieben Gott unendlich dankbar, dass du mein Papa bist. … Du hast uns allen Wurzeln und Flügel mitgegeben. Es ist nur Zufall, dass wir jetzt tatsächlich alle fliegen können. Gott sei Dank sind wir jetzt nicht Blumen oder Bäume, sondern alle wunderschöne Adler. I love you."

Vielleicht möchtest du am Beginn dieses Kapitels auch erklären, was die Dankbarkeit in unserem Leben dämpft.

Da gibt es mehrere Dinge. Eines davon ist, zu glauben, dass man alles, was man im Leben erreicht hat, aus eigener Kraft geschafft hat. Der bekannte österreichische Entertainer Karl Moik hat ein Buch veröffentlicht mit dem Titel: *Ich habe nichts geschenkt bekommen.* Dieser Buchtitel kann nicht auf das ganze Leben angewandt werden, denn bereits, wenn wir auf die Welt kommen, wird uns das Leben geschenkt. Wir existieren nicht unabhängig von unserer Umwelt und unseren Mitmenschen, sondern sind aufeinander angewiesen. Eine Mutter hat die Mühe auf sich genommen uns auszutragen und so dürfen wir anfangen, in dieser Welt unseren Weg zu beschreiten. Wenn wir meinen, alles durch eigene Leistung erreicht zu haben, dann vergessen wir, dass wir im Laufe unseres Lebens viele Gönner gehabt haben. Eltern, Freunde, Lehrer und viele andere Menschen haben uns in unserem Leben unterstützt und geholfen.

Was sind Auswirkungen der Undankbarkeit und der Dankbarkeit?

Es gibt im Leben Kräfte, die einen nach oben ziehen, und andere Kräfte, die einen nach unten ziehen. Verbissenheit und Undankbarkeit sind zerstörerische Kräfte, die uns nach unten ziehen. Die Unzufriedenheit und das ständige Nörgeln – bei uns in Österreich nennt man das „sudern" – machen Menschen hart und unliebsam und vergiften die ganze Atmosphäre um sie herum.

Danken und Loben hingegen beflügeln und lassen uns nach oben steigen. Dankbarkeit hat Auswirkungen auf unseren Lebensstil. Wer Dankbarkeit im Leben übt, vermag mit weniger auszukommen, beziehungsweise für den ist weniger mehr. Dankbarkeit bewahrt vor Habgier und Neid und davor, sich mit anderen vergleichen zu müssen. Dankbarkeit ermöglicht uns, dem anderen etwas zu gönnen, ohne es selbst haben zu müssen.

Du meinst, dass das Vergleichen mit anderen Dankbarkeit verhindert?

Ja, das kann passieren. Wir lassen uns oft von unserer Umgebung und der Meinung anderer beeinflussen. Wenn wir uns fragen, was die anderen denken, kann uns das daran hindern, für das dankbar zu sein, was wir haben und sind. Wenn sich jemand zum Beispiel im Moment kein neues Moped für die Tochter leisten kann, dann hilft es nicht, auf die Nachbarn zu schauen, die drei neue Mopeds in der Garage stehen haben. Dieses Vergleichen hilft auch der Tochter nicht, die dankbar für ihr altes Moped sein darf, das sie überall hinbringt.

Und in manchen Situationen dauert es, bis man bei der Dankbarkeit ankommt. So wie bei deinem Parkschaden.

Das stimmt. Diese Geschichte ist ein gutes Beispiel dafür, wie sehr uns Kleinigkeiten aufhalten können. Einmal passte ich beim Einparken nicht gut genug auf, fuhr gegen eine Säule und machte hinten eine deutliche Delle in mein neues Auto. Ich war am Boden zerstört, weil mir das passiert war. Tagelang beschäftigte mich der Gedanke, warum das geschehen hatte müssen. Bis ich dann auf einen Zettel schrieb: „Ich bin dankbar, dass ich lebe und dass mein Körper funktioniert. Dass ich ein Herz habe, das wirkt und schlägt und dass ich herzlich bleibe. Dass ich liebenswert bin, und lieben kann." Das half mir, die richtige Perspektive zu finden. Das Materielle sollte nicht so eine wichtige Rolle spielen. Und dann konnte ich auch noch meine Dankbarkeit für diese konkrete Situation formulieren: „Ich bin dankbar, dass ich diesen Fehler akzeptieren kann. Ich bin dankbar, dass mein Leben nicht davon abhängt. Der Friede, die Freude, die Freiheit und die Dankbarkeit sind durch das, was geschehen ist, zwar gedämpft worden, aber nicht auf Dauer. Ich bin dankbar dafür, dass ich im Leben Fehler machen darf und dass ich deshalb nicht am Boden liegenbleiben muss, sondern überwinden darf und reifer werde."

Ich habe schon erwähnt, dass ich am Anfang des Tages aufschreibe, wofür ich dankbar bin. Ein weiterer Punkt, zu dem ich mir jeden Morgen Gedanken mache, ist, was den heutigen Tag wundervoll machen würde. Diesen Gedanken konnte ich nun auf den Parkschaden anwenden. Was würde dieses negative Erlebnis dennoch wundervoll machen? Wenn daraus positive Früchte erwachsen. Zum Beispiel die Klarheit, in Zukunft beim Einparken besser aufzupassen. Oder die Dankbarkeit, dass meine Lebensqualität nicht davon abhängt, ob mein Auto eine Delle hat oder nicht. Die Kraft, mir selbst zu vergeben. Zu lernen liebevoller mit mir selbst umzugehen und mir zuzugestehen, dass ich nicht vollkommen sein muss.

Die Fliegerei und die Dankbarkeit

Wofür bist du denn in Bezug auf die Fliegerei dankbar?

Ich bin dankbar für jeden Flugtag, an dem ich abheben durfte, wo ich in der Luft war, und vor allem, wo ich sicher gelandet bin.

Dankbar bin ich auch, dass ich in meiner Ausbildung gute Flugschulen beziehungsweise Ausbilder hatte. Hier passt das neunte von Luis Trenkers Bergsteiger-Geboten: „Du sollst die Ehre deines Vereins wahren, nicht nur die des Vereins, dessen Zeichen du trägst, sondern auch die Ehre der großen Gemeinschaft, die dir die Berge erschloss."[29]

Ich bin dankbar für die Flugschule Salzburg, die mir ermöglichte, ins Gleitschirmfliegen zu schnuppern und etwas Neues auszuprobieren. Für die Flugschule Fluso in der Schweiz und den Fluglehrer, der mir Mut machte und mir half, meine Angst gegenüber dem Fliegen zu überwinden. Ebenso für die

Lehrer der Flugschule Austriafly, die sehr treu und geduldig mit mir waren und mich ermutigten, ein besserer Pilot zu werden.

Gott und die Dankbarkeit

Was sagt denn die Bibel zur Dankbarkeit?

Etwas, das Jesus klar verurteilt, ist scheinheilige Dankbarkeit, bei der man unehrlich durchs Leben geht. Eine scheinheilige Dankbarkeit, mit der man sich über andere erhebt, führt zu Respektlosigkeit und Achtlosigkeit anderen gegenüber. Diese Art von Dankbarkeit tarnt den eigenen Stolz und führt schnell dazu, dass wir an unseren Mitmenschen schuldig werden. In Lukas 18:9-14 erzählt Jesus eine Geschichte von einem Pharisäer und einem Zöllner:

> Zu einigen, die sich selbstsicher für gerecht hielten und die übrigen verachteten, sagte er aber auch dieses Gleichnis: „Zwei Menschen gingen hinauf in den Tempel, um zu beten: Der eine war ein Pharisäer und der andere ein Zöllner. Der Pharisäer stellte sich auf und betete bei sich so: ‚Gott, ich danke dir, dass ich nicht bin, wie die übrigen Menschen: Räuber, Ungerechte, Ehebrecher, auch nicht wie dieser Zöllner da. Ich faste zweimal in der Woche, und ich gebe den Zehnten von allen meinen Einkünften.‘ Der Zöllner aber stand weit entfernt und wollte nicht einmal die Augen zum Himmel erheben, sondern schlug an seine Brust und sprach: ‚Gott, sei mir Sünder gnädig.‘ Ich sage euch: Dieser ging gerechtfertigt nach Hause, anders als jener. Denn jeder, der sich selbst erhöht, wird erniedrigt werden, wer sich selbst aber erniedrigt, wird erhöht werden."

Hat dieser Text nicht mit einer gesunden Selbsteinschätzung zu tun? Wer bin ich? Woher habe ich das, was ich habe? Habe ich das Recht, den anderen zu verurteilen, ihn von oben herab zu behandeln, herablassend über ihn zu sprechen und mich über ihn zu stellen? Jesus macht hier deutlich, dass uns diese Einstellung im Leben nicht hilft.

Wenden wir uns nun der gesunden Dankbarkeit zu. Wofür bist du in deinem Leben dankbar?

Ich bin nicht mehr der Jüngste und habe schon einige Jahre auf dem Buckel. Wenn ich mein ganzes Leben bis hierher betrachte, dann fällt mir auf, dass ich sehr viel Grund habe, über meine Vergangenheit dankbar zu sein, auch wenn nicht alles leicht war und vieles nicht so lief, wie ich es mir gewünscht hätte. Im Alten Testament spricht Jakob am Ende seines Lebens von „Gott, der mein Hirte war, seit ich bin, bis zum heutigen Tag" (1. Mose 48,15). Ist das nicht ein Grund zur Dankbarkeit? Dass der Gott, an den ich glaube, mich in der Vergangenheit nie alleine gelassen hat und stets bei mir war, und dass es mir an nichts gefehlt oder gemangelt hat?

Der Apostel drückt diesen Gedanken im Römerbrief wie folgt aus:

> Was sollen wir nun dazu sagen? Ist Gott für uns, wer ist dann wider uns? Er, der des eigenen Sohnes nicht geschont, sondern ihn für uns alle dahingegeben hat, wie sollte er uns mit ihm nicht alles schenken? Wer wollte gegen Auserwählte Klage erheben? Gott selbst ist es ja, der rechtfertigt. Wer sollte verdammen? Christus Jesus, der gestorben ist, oder noch mehr, der auferweckt wurde, der zur Rechten Gottes ist, er ist es, der für uns eintritt. Wer will uns scheiden, von der Liebe Christi? Trübsal oder Bedrängnis oder Verfolgung oder Hunger oder Blöße oder Gefahr oder Schwert? Es steht ja geschrieben: „Um deinetwillen mordet man uns Tag um Tag; wir sind Schlachtschafen gleichgeachtet." Aber in all dem obsiegen wir durch den, der uns geliebt hat. Denn ich bin gewiß, dass weder Tod noch Leben, weder Engel noch Herrschaften, weder Gegenwärtiges noch Zukünftiges, noch Mächte, weder Höhe noch Tiefe, noch irgendein anderes Geschöpf uns zu scheiden vermag von der Liebe Gottes, die in Christus Jesus ist, unserem Herrn. (Römer 8,31-39)

Paulus ist sich bewusst, dass im Leben nicht immer alles glatt läuft, dass uns oft Schwierigkeiten und widrige Umstände begegnen. Aber er kann dennoch sagen, dass er in all dem mehr als siegreich ist, weil Gott mit ihm geht und ihn nichts von seiner Liebe trennen kann.

Ich bin dankbar für alles, was ich als gläubiger Mensch aus Gottes Hand entgegennehmen durfte und für die Wege, die er mit mir gegangen ist. Ein Kirchenlied drückt es so aus:

> Bis hierher hat mich Gott gebracht
> durch seine große Güte.
> Bis hierher hat er Tag und Nacht
> bewahrt Herz und Gemüte.
> Bis hierher hat er mich geleit',
> bis hierher hat er mich erfreut,
> bis hierher mir geholfen.[30]

Abschließende Gedanken zur Dankbarkeit

Du hast schon angesprochen, dass uns im Leben oft Schwierigkeiten begegnen. Sollen wir dafür auch dankbar sein?

Können wir dankbar sein für Erfahrungen und Wege, die wir uns nicht gewünscht haben? Was ist, wenn der Traum unserer Ehe platzt und in einer Scheidung endet? Wenn wir unseren Job verlieren und nun von Arbeitslosigkeit betroffen sind? Wenn wir ohne unser Zutun in schwierige Umstände verwickelt werden? Wie schaut es dann mit der Dankbarkeit aus?

Ich denke, dass wir in solchen Situationen zunächst nicht dankbar sein können, sondern die fünf Phasen der Trauer durchmachen müssen (vergleiche

Elisabeth Kübler-Ross). Wir werden dagegen ankämpfen und es nicht wahrhaben wollen. Wir verspüren Wut und Zorn. Dann werden wir alles versuchen, um das, was geschehen ist, ungeschehen zu machen oder neu zu verhandeln. Wir sind traurig und fallen in eine leichte oder tiefe Depression. Wenn wir aber dann durch all diese Phasen hindurchgegangen und beim Akzeptieren angekommen sind, werden wir auch in dieser Situation einen Grund zum Danken finden können. Denn es gibt wahrlich nichts, weder Scheidung, noch Arbeitslosigkeit, noch Krankheit, noch Unfälle, noch sonst etwas, das uns von unserem Weg abbringen kann. Wir können dankbar sein, auch wenn wir auf Umwegen zum richtigen Ausgangspunkt für unseren weiteren Weg kommen.

Die Dankbarkeit ist eine Kraft, die uns überwinden lässt. Sie ermöglicht uns Freiheit statt Gebundenheit. Von Paulo Coelho stammt ein sehr schönes Gedicht über die Dankbarkeit auch in widrigen Umständen, das ich zum Abschluss zitieren möchte.

Ich danke allen

Ich danke allen, die meine Träume belächelt haben.
Sie haben meine Phantasie beflügelt.

Ich danke allen, die mich in ihr Schema pressen wollten.
Sie haben mich den Wert der Freiheit gelehrt.

Ich danke allen, die mich belogen haben.
Sie haben mir die Kraft der Wahrheit gezeigt.

Ich danke allen, die nicht an mich geglaubt haben.
Sie haben mir zugemutet, Berge zu versetzen.

Ich danke allen, die mich abgeschrieben haben.
Sie haben meinen Mut geweckt.

Ich danke allen, die mich verlassen haben.
Sie haben mir Raum gegeben für Neues.

Ich danke allen, die mich verraten und missbraucht haben.
Sie haben mich wachsam werden lassen.

Ich danke allen, die mich verletzt haben.
Sie haben mich gelehrt, im Schmerz zu wachsen.

Ich danke allen, die meinen Frieden gestört haben.
Sie haben mich stark gemacht, dafür einzutreten.

Ich danke allen, die mich verwirrt haben.
Sie haben mir meinen Standpunkt klar gemacht.

Vor allem danke ich all jenen, die mich lieben, so wie ich bin.
Sie geben mir Kraft zum Leben!

Danke![31]

Aus dem Reichtum des Liederschatzes

Das Lied „Nun danket alle Gott" stammt von Martin Rinckart (1586-1649). Rinckart war Dichter, evangelischer Theologe und Kirchenmusiker. Bekannt ist sein Einsatz während des 30-jährigen Krieges. Er schützte seine Vaterstadt Eilenburg vor Plünderung und Brandschatzung durch die Schwedischen Truppen, indem er einen Bittgottesdienst abhielt.

Sein Lied „Nun danket alle Gott" ist eine Anlehnung an die Stelle aus Jesus Sirach 50,22-24: „Nun lobet den Gott des Alls, der große Dinge tut. Der unsere Tage erhöht hat vom Mutterschoß an und an uns handelt nach seinem Erbarmen. Er gebe uns ein fröhliches Herz, gewähre Frieden unserer Zeit, in Israel, bis in Ewigkeit. Seine Huld bleibe treulich mit uns, er erlöse uns zu unserer Zeit."

Nun danket alle Gott

Nun danket alle Gott mit Herzen, Mund und Händen,
der große Dinge tut an uns und allen Enden,
der uns von Mutterleib und Kindesbeinen an
unzählig viel zugut bis hierher hat getan.

Der ewigreiche Gott woll uns bei unserm Leben
ein immer fröhlich Herz und edlen Frieden geben
und uns in seiner Gnad erhalten fort und fort
und uns aus aller Not erlösen hier und dort.

Lob, Ehr und Preis sei Gott dem Vater und dem Sohne
und Gott dem Heil'gen Geist im höchsten Himmelsthrone,
ihm, dem dreiein'gen Gott, wie es im Anfang war
und ist und bleiben wird so jetzt und immerdar.

Was würde geschehen

Was würde geschehen
wenn alle sagten:
„Was würde geschehen,
wenn wir von DANKBARKEIT erfüllt leben…"

Und (k)einer hebt ab
aus dem Lande der Undankbarkeit
um zu sehen was geschieht
wenn man die Flügel ausbreitet und abhebt
ins Land der Fülle
wo man fliegt.

Ich bin dankbar für das Wunder
das geschah
der Dankbarkeit begegnet zu sein
und jeden Tag im Heute zu leben.

„Seid in allem dankbar; denn das ist der Wille Gottes in Christus Jesus für
euch."
(1. Thess. 5,18)

Denkanstöße zur Dankbarkeit

- Wofür bin ich am Anfang und dann am Ende des Tages dankbar?
- Bin ich generell ein dankbarer oder ein undankbarer Mensch?
- Kann ich rückblickend für eine negative Situation oder ein negatives Erlebnis dankbar sein?
- Wie gehe ich damit um, wenn ich Dank erwarte und ihn nicht bekomme?

7. Klarheit

Wolfgangsee

Iß, was gar ist, trink, was klar ist, red, was wahr ist.

MATIN LUTHER

Sage immer die Wahrheit,
das gibt dem Leben Klarheit.

UNBEKANNT

Das Herz des weisen Mannes
ruht still wie klares Wasser.

AUS KAMERUN

Die Klarheit in Kürze

Klarheit hat im wahrsten Sinne des Wortes mit unseren Augen und unserer Sehkraft zu tun. Wenn wir ungetrübt sehen, erkennen wir, was wirklich ist. Wer klar sieht, hat es einfacher auf dem Weg zu bleiben. Wer klar denkt, behält den Durchblick. Klarheit ist eine gute Voraussetzung, um weise Entscheidungen zu treffen.

Das Gegenteil von Klarheit ist Unklarheit. Wir alle kennen Situationen, in denen wir im Dunklen tappen und uns alles nebulös erscheint. Wenn die Dinge unklar und verschwommen sind, weiß man nicht, welchen Weg man gehen soll. Bevor wir anderen erklären wollen, wie das Leben funktioniert, sollten wir uns im Klaren darüber sein, ob wir selbst auf dem richtigen Weg sind.

In Matthäus 6,22-23 heißt es: „Das Licht des Leibes ist das Auge. Wenn nun dein Auge gesund ist, wird dein ganzer Leib Licht sein. Wenn aber dein Auge schlecht ist, wird dein ganzer Leib finster sein. Wenn also das Licht in dir Finsternis ist, wie groß wird die Finsternis sein!" Jesus vergleicht hier die körperliche Unfähigkeit klar zu sehen mit der geistig-geistlichen Blindheit des Herzens. Er macht uns klar, dass die innere Blindheit schlimmere Auswirkungen hat, weil wir dann unser Lebensziel aus den Augen verlieren.

Ein Gespräch mit meinem Flügel

Allgemeine Überlegungen zur Klarheit

Welche positiven Auswirkungen hat Klarheit?

Wer mit Klarheit durchs Leben gehen kann, hat einen klaren Vorteil. Er wird des Öfteren bewahrt vor Verstimmung, vor Verärgerung, vor Vernebelung, vor Groll, vor Verkrampftheit, vor Orientierungslosigkeit, vor Hass und Neid. Wenn wir klar sind, lässt sich nicht alles klären. Aber es klärt sich manches, wenn nicht sogar vieles.

Klarheit hilft, die eigenen Grenzen zu schützen. Wenn ich mir selbst klar bin, was ich will, kann ich besser mit Menschen umgehen, die versuchen, in mein Territorium einzudringen, um dort zu bestimmen oder Unruhe zu stiften. Klarheit für das, was ich will, schafft auch einen guten Willen für das richtige Tun. Unklarheit dagegen schafft Frustration. Sie erzeugt ein Klima der Angst und der Lähmung und bewirkt einen zögernden Willen.

Zu diesem Thema passt die Geschichte von deiner Bewerbung, finde ich.

Ich hatte vor Jahren in meinem Buchladen, der gerade das Nötigste zum Leben abwirft, eine sehr motivierte Frau angestellt. Als sie eine Stellenanzeige für eine Teilzeitbeschäftigung in einer kirchlichen Organisation las, sagte sie zu mir: „Erwin, das wäre etwas für dich." Ich winkte sofort ab und meinte, dass ich nicht durch eine feste Anstellung gebunden sein wollte, nachdem ich fast mein ganzes Leben lang die Freiheit der Selbstständigen genossen hatte. Sie meinte, dass ich dann jeden Monat mein sicheres Einkommen hätte und mein Buchgeschäft ohne Stress weiterführen könnte. Da ich durch meine hochwertige theologische Ausbildung die nötigen Qualifikationen hatte, beschloss ich dann doch, mich zu bewerben. Ich traf mich zuerst mit dem Zuständigen für ein Beratungsgespräch. Obwohl sich viele Leute vorgestellt hatten, meinte er, ich sollte mich sofort bewerben und er würde mich beim nächsten Gespräch seinem Chef für die Stelle empfehlen. Ich fuhr heim, setzte mein Bewerbungsschreiben auf und schickte es ab. Eine Woche später bekam ich dann einen Anruf von diesem zuständigen Herrn. Er erklärte mir, dass ich zwar alle nötigen Voraussetzungen hätte, sein Chef sich aber, da ich einer anderen christlichen Konfession angehörte, gegen mich entschieden hatte. Ich war zunächst deprimiert deswegen, aber am Abend schrieb ich meinen Kindern ein Email, in dem ich meine Reaktion zusammenfasste. Ich war enttäuscht gewesen. Aber ich brauchte deswegen weder meine Konfession ändern, noch der Organisation nachtragen, dass sie ihren Glaubensgrundsätzen treu blieb. Und diese Absage war zugleich auch eine Zusage. Eine Zusage an ein erfülltes Leben, in dem ich weiterhin die Freiheit der Selbstständigkeit genießen konnte. Meine Lebendigkeit und Zufriedenheit werden nicht von äußeren Faktoren bestimmt, sondern vom inneren, erfüllten Leben.

Daraufhin schrieben zwei meiner Töchter zurück.

Erste Tochter: „Total schön geschrieben, Papa, und voll positiv und ermutigend."

Zweite Tochter: „Ja, Papa, behalte das, was du im Herzen für richtig hältst, und ich bin sicher es hat alles seinen Grund. Und es ist am besten, so schnell wie möglich die Dinge so zu akzeptieren und positiv vorwärts zu schauen. Es hat mir gestern so viel gegeben, dich so natürlich und lustig zu erleben und ich hab dich mega lieb."

Dieses Erlebnis drückt für mich insofern Klarheit aus, als ich meine Freiheit wieder mit voller Verantwortung annahm und sie zum Besten nutzen wollte. Die Klarheit half mir, die fünf Phasen der Trauer schnell zu durchlaufen und beim Akzeptieren anzukommen.

Ist Klarheit auch in Beziehungen nötig?

Auch bei der Partnerwahl und in der Beziehung brauchen wir Klarheit. Nicht alle Menschen sind damit gesegnet, mit einem einzigen Partner bis an ihr Lebensende glücklich zu sein. Nicht alle haben die Chance, an tiefen Beziehungen zu bauen. Manchen ist es bereits passiert, dass sie nach der ersten blinden Verliebtheitsphase aufgewacht sind und bemerkt haben, dass ihre Beziehung doch nicht so gut und tief war, wie es am Anfang schien. Darum sollte man auf sein Herz horchen. Funktioniert die Beziehung noch? Sollten wir daran arbeiten, dass sie besser wird und uns fachlich kompetente Hilfe holen? Oder sollten wir's bleiben lassen? Soll ich gehen oder bleiben? Das sind wichtige Fragen bei denen Klarheit gefragt ist. Gut wäre es, wenn wir uns nicht vor lauter Verliebtheit in eine Beziehung treiben lassen, sondern sie schon von Anfang an auf ein gutes Fundament stellen.

Was gibt einer Beziehung ein gutes Fundament?

Wenn ein Mann und eine Frau miteinander durchs Leben gehen, werden unweigerlich Konflikte entstehen. Jeder Mensch ist eine eigene Persönlichkeit. Wenn wir das verstehen, wenn wir voneinander wissen, wer wir sind und wie wir ticken, dann wird es einfacher sein, dass wir einander mit Respekt begegnen und einander achten. Dann können wir immer wieder auf einander zugehen. Dann können wir Situationen stehen lassen und uns gegenseitig ermutigen, statt einer den anderen zu beherrschen.

Ganz konkret sollten wir uns über die folgenden Themen Gedanken machen:

- Kommunikation: Wie sind wir gewohnt, in unserer Herkunftsfamilie oder generell mit anderen Menschen zu kommunizieren? Jeder kommuniziert auf seine eigene Art und Weise und es ist wichtig, dass wir einander darin besser verstehen.
- Konflikte: Sind wir bereit Konflikte anzuschauen und zu lösen? Welche Konfliktlösungsstrategien haben wir bis jetzt in unserem Leben verwendet und wie können wir dazu lernen?
- Finanzen: Wie gehen wir mit Geld um? Wo stehen wir auf der Skala zwischen geizig und verschwenderisch? Wenn unsere Persönlichkeiten bei diesem Thema zu sehr auseinanderklaffen statt sich zu ergänzen, kann das zu Problemen führen.
- Freizeit: Was verstehen wir unter gemeinsamer Freizeitgestaltung? Gestatten wir es dem anderen einen Teil seiner Freizeit alleine oder mit seinen Freunden zu gestalten?
- Sexualität: Was ist unser Verständnis von Sexualität und wie wollen wir das in unserer Beziehung leben?

- <u>Kinder:</u> Was ist unsere Einstellung zu Kindern und Erziehung? Wie stellen wir uns Elternschaft vor? Wie wollen wir eine gesunde Familie bauen?
- <u>Herkunftsfamilie:</u> Welche Prägungen haben wir durch unsere Familie und Erziehung in unser Leben mitgenommen?
- <u>Freunde:</u> Welchen Freundeskreis brauchen wir jeder für sich und gemeinsam als Paar?
- <u>Rollenverständnis:</u> Wie ist unser Verständnis der Rollen von Mann und Frau? Wie wirkt sich das in unserem Alltag aus?
- <u>Glauben:</u> Wie ist unser Glaubensverständnis? Kommen wir aus Kirchengemeinschaften, die gleich oder ähnlich denken oder sind unsere religiösen Anschauungen unterschiedlich? Können wir in Glaubensfragen tolerant miteinander leben?
- <u>Anpassungsfähigkeit:</u> Sind wir anpassungsfähig? Sind wir gewillt manche Dinge anders zu machen, als wir es bisher gewohnt waren? Wollen wir als Paar zusammenhalten?
- <u>Persönlichkeitsentfaltung:</u> Haben wir realistische Erwartungen für unsere Beziehung? Sind wir beide bereit, dem anderen Freiraum zu geben, damit er seine eigene Persönlichkeit entfalten kann?

Wenn wir uns über diese Punkte im Klaren sind und ein Potential sehen an einer innigen Beziehung zu bauen, ist das ein gutes Fundament. Und dann fällt auch die Entscheidung nicht schwer, ob man ein Leben lang bleiben oder gehen soll. Außerdem möchte ich bei diesem Thema noch einmal an Jörg Zink erinnern und an seine Beschreibung, warum er mit seiner Frau bis ins hohe Alter glücklich war.

Die Fliegerei und die Klarheit

Welche Rolle spielt Klarheit in der Fliegerei?

Gerade beim Fliegen ist Klarheit gefragt. Wenn das Wetter nicht eindeutig ist, braucht man klare Entscheidungen. Man sollte sich nicht daran orientieren, ob andere fliegen oder nicht, sondern die eigenen Fähigkeiten richtig einschätzen und dann für sich selbst entscheiden. Klare Entscheidungen bewahren vor Fehlentscheidungen und vor Unfällen.

Klarheit ist auch das Gegenteil von Verwirrung. Es passiert mir gelegentlich, dass meine verschiedenfarbigen Leinen sich in- und miteinander verwirren. Dann ist alles verheddert. Beim Entwirren bin ich dann ungeduldig, statt in Ruhe zu versuchen, die Schnüre wieder so zu ordnen, dass sie alle, ohne miteinander verflochten zu sein, schön nebeneinander liegen. Speziell am Beginn meiner Fliegerei war ich sehr schnell versucht aufzugeben. Einmal habe ich nach einer solchen Verwirrung meinen Töchtern folgende Nachricht geschickt: „Wenn jemand mal in meiner Gegend ist, ich hab beim Üben auf unserer Bauernwiese meine Schnüre verwurschtelt. Und jetzt grad beim Entwirren nur noch mehr Verwirrung reingebracht und deshalb aufgegeben. Horche als Aufmunterung Ikarus: *Spann deine Flügel, Ikarus, nicht das Gelingen, nur der Versuch zählt am Schluss.*"

In unserem Leben kann es auch vorkommen, dass wir uns so verheddert haben, dass wir nicht mehr durchblicken. Die verwirrten Leinen, die entwirrt werden müssen, sind für mich ein schönes Bild für Situationen in unserem Leben, wo Klarheit gefragt ist. Ich freue mich, dass mir meine Tochter zum Thema Klarheit einmal schrieb: „Leuchttürme laufen auch nicht auf der Insel herum und suchen nach Booten, die sie retten können. Sie stehen einfach nur da und senden ihr Licht aus. (Anne Lamott) … So wie du, Papa."

Klarheit hat auch mit Zielen zu tun. Wenn du weißt, wo du hinwillst, worauf du dich fokussieren musst, dann fällt es dir leichter, klar zu sein. So wie damals am Übungshang in der Schweiz.

Stimmt. Ganz am Anfang meiner Fliegerei hatte ich in der Schweiz einen erfahrenen und einfühlsamen Fluglehrer. Er sagte mir: „Erwin, wenn du den Schirm aufziehst, musst du nach vorne schauen und dir in der Ferne einen Bezugspunkt suchen. Diesen Bezugspunkt darfst du dann nicht mehr aus den Augen lassen. Denn wo du hinschaust, gehst du hin. Und genauso wie beim Paragleiten ist das auch im Leben. Wo du hinschaust, davon wirst du geprägt."

Ich erinnere mich noch gut an den Nachmittag, als dieser Fluglehrer mir bei der Startvorbereitung folgende Frage stellte: „Erwin, wo ist dein Bezugspunkt?" Ich sagte zu ihm: „Wie immer der linke Baum am Ende des Feldes." Er ermutigte mich, einen Bezugspunkt in der Weite zu suchen. Ich entschied mich für einen kurzen vertikalen Schotterweg in der Ferne. Dann wurde ich allerdings von meinen Gefühlen überwältigt und musste weinen. Da meinte er: „Es ist gut. Jetzt lass das Alte hinter dir." Dann fing ich also an, meinen Bezugspunkt in der Ferne anvisierend, den Hang hinunter zu gehen. Und so kam ich ein bisschen abhebend und immer wieder gehend unten an. Der Schirm über mir war ruhig, als wolle er mich beschützen. Unten angekommen setzte ich mich dann hin und ein paar Minuten flossen Freudentränen. Indem ich meinen Blick ganz nach vorne richtete, war das Resultat, dass ich auch ganz unten ankam. Das ist für mich Klarheit. Ich lasse mich weder von dem, was links noch was rechts ist, ablenken, sondern ich will dahin, wo ich jetzt hinschaue.

Beim Fliegen brauchen wir nicht nur beim Starten, sondern auch beim Landen Klarheit. Bei einem meiner Übungsflüge, als ich noch per Funk mit meinem Fluglehrer verbunden war, ließ er mich die Landevolte selber einteilen. Ich vergaß allerdings, dass auf diesem Landeplatz die Landevolte nach links gemacht wird. Also machte ich eine Landevolte nach rechts und kam dann gut unten an. Daraufhin sagte mir mein Fluglehrer: „Horch mal, Erwin, wenn du in deinem Landeanflug ein Geisterfahrer bist, wie sollen sich andere an dir orientieren?" Ich brauchte nicht nur für mich selbst Klarheit, sondern auch um die anderen nicht zu gefährden.

Ich habe schon erklärt, dass es uns hilft, klar zu sein, wenn wir wissen, worauf wir schauen müssen. Klarheit hat mit unserer Perspektive zu tun oder damit, wie wir etwas einschätzen. Als wir einmal in der Schweiz waren, machte ich einen Tandemflug und meine Tochter einen Einzelflug. Sie war unter mir und ich hatte Angst, dass sie über den Wald nicht hinüberkommen würde. Aber meine Angst war unbegründet. Aus der Perspektive von oben konnte ich nicht sehen, dass sie zu den Bäumen viel Abstand hatte. Wenn wir es schaffen, mit Klarheit zu leben, statt uns von Angst gefangen nehmen zu lassen, würde das viele Probleme aus dem Weg schaffen.

Gott und die Klarheit

Welche Bedeutung hat die Klarheit für dich in deinem Glauben?

Für mich hat es Priorität Klarheit darüber zu haben, an wen ich glaube. Daraus resultiert dann, an was ich glaube. Ich glaube an einen persönlichen Gott, der erfahrbar ist. Ich habe eine ähnliche Erfahrung gemacht wie Hiob, der sagt: „Nur durch Gerüchte wusste ich von dir; jetzt aber hat mein Auge dich gesehen." (Hiob 42,5)

Der König David spricht im Psalm 23 ebenfalls von seiner Erfahrung mit diesem persönlichen Gott. Zuerst spricht er von Gott in der dritten Person, indem er erzählt: „Der Herr ist mein Hirte... Er führt mich an Wasser der Ruhe." (Psalm 23,1-2). Als er dann aber an die schwierigen Zeiten in seinem Leben denkt, in denen er die Nähe Gottes erlebt hat, wechselt er plötzlich zum „Du": „Und muss ich auch wandern im finsteren Tale, ich fürchte kein Unheil, denn du bist bei mir. Dein Stock und dein Hirtenstab, die geben mir Zuversicht." (Psalm 23,4)

Der Apostel Paulus ist ebenfalls ein gutes Beispiel dafür, was es heißt, Gott in der Person Jesu Christi kennenzulernen. Als Jesus ihm in voller Herrlichkeit erschien, fiel er vom hellen Licht geblendet zu Boden und konnte nicht mehr sehen. Danach heißt es, dass Ananias zu ihm kam und zu ihm sagte: „,Du sollst wieder sehend und vom heiligen Geist erfüllt werden.' Sofort fiel es wie Schuppen von seinen Augen." (Apostelgeschichte 9,17-18)

Damit war für ihn klar, dass er sein Leben ab diesem Zeitpunkt voll und ganz für Jesus einsetzen würde.

Seit dem Bekehrungserlebnis, das ich in meiner Jugend hatte, weiß auch ich mich von Gott berufen und geführt. In einem Psalm wird der Gedanke, dass Gott uns persönlich und klar leitet, so ausgedrückt: „Ich verleihe dir Einsicht; den Weg den du gehen sollst, will ich dir weisen; ich will dir raten und mein Auge wird ruhen auf dir." (Psalm 32,8) Im Rückblick bin ich dankbar, dass ich in Bezug auf verschiedene Lebensentscheidungen immer wieder fragen konnte: „Herr, was willst du, das ich tun soll?" Ich hatte nie das Gefühl durch diesen Wunsch Gottes Willen zu folgen eingezwängt zu werden. Sondern ich erfuhr in einer Atmosphäre der Zwiesprache, dass Gott mir immer wieder, wie es in Epheser heißt, meine Augen hellsichtig machte, damit ich erkennen konnte, wofür ich berufen bin. (siehe Epheser 1,18)

Dabei gibt Gott uns noch zwei Hilfen, damit wir uns nicht alleine abmühen müssen, den richtigen Weg zu finden. Das ist zum einen die Bibel, in der ich beim Lesen immer wieder den Fingerzeig Gottes entdecke. Zum anderen ist es die Gemeinschaft mit Gleichgesinnten, die uns helfen können, den Willen Gottes für unseren Alltag zu konkretisieren.

So kann ich abschließend sagen, dass ich zu den Menschen gehöre, die trotz allem an einen persönlichen Gott glauben. Martin Gutl drückt diesen Glauben folgendermaßen aus und ich stimme seinem Bekenntnis zu:

Trotzdem glaube ich an Gott

Ich glaube an Gott,
auch wenn Menschen
hartnäckig Gründe anführen,
warum es keinen Gott geben könne.
Ich glaube an Gott,
obwohl ich ihn noch nie gesehen habe.
Ich glaube an Gott,
obwohl Dinge in der Welt geschehen,
die sich mit der Gegenwart Gottes schwer vereinbaren lassen.
Ich glaube an Gott,
denn ich habe sein Rufen gehört.
Ich glaube an Gott,
selbst wenn ich wie Jesus
sagen müsste:
„Vater, warum hast du mich verlassen."[32]

Abschließende Gedanken zur Klarheit

Welche positiven Auswirkungen hat Klarheit auf unsere Beziehungen mit anderen?

Klarheit schützt uns auch davor, Opfer derjenigen zu werden, die herrschsüchtig sind und uns für ihre Zwecke missbrauchen wollen. Leute, die so wie ich mit dem Helfersyndrom „gesegnet" sind und die dadurch Anerkennung bekommen, anderen zu helfen, geraten leicht unter die Räder. Meistens ist es uns selbst nicht klar, aus welchen Motiven heraus wir dieses oder jenes tun. Wenn wir uns aber selbst im Klaren sind und die Klarheit auch unserem Gegenüber vermitteln, dann schaffen wir eine bessere Atmosphäre für ein Zusammenleben. Am Ende geht es allen besser damit, wenn die Grenzen klar gesetzt sind.

Was ist mit Querdenkern, die alles in Frage stellen, was generell akzeptiert ist?

Festgefahrene Menschen, die sich nicht verändern wollen und gewohnt sind, auf eine bestimmte Art und Weise zu denken, können mit Querdenkern nichts anfangen. Sie tun sich schwer mit Menschen, die anders denken und werfen ihnen gerne vor, nicht klar zu sein. Aber manches Mal sind Querdenker genau das, was wir brauchen. Sie sind wunderbare Propheten in unserer Zeit. Ihre Freiheit zu denken ist klarer oder weitsichtiger als die derjenigen, die mit Scheuklappen durch die Welt gehen.

Wie können wir in Situationen klar sein, wo wir selbst auf eine bestimmte Frage noch keine Antwort haben?

Es gibt Themen oder Probleme im Leben, auf die wir noch keine Antwort haben. Manche Dinge können wir noch nicht einordnen. Wenn wir in solchen Situationen einfach dazu stehen, dass wir darauf noch keine Antwort haben, ist das auch Klarheit.

Zum Schluss: Sei klar in deinem Denken. Steh zu deinen Gefühlen. Und gib deinem Willen einen kräftigen Ruck vorwärts zu gehen.

Aus dem Reichtum des Liederschatzes

Das Lied „Amazing Grace" von John Henry Newton (1725-1807) zählt zu den beliebtesten Kirchenliedern der Welt. Es wurde von Mahalia Jackson ebenso gesungen wie von Elvis Presley. Bei der Beisetzung des ehemaligen US-Präsidenten Ronald Reagan im Jahr 2014 wurde das Lied gespielt. Im Jahr 2015 stimmte Barak Obama „Amazing Grace" anlässlich der Gedenkfeier an die Todesopfer des Anschlages in Charleston an.

John Henry Newton hatte 1748 ein Bekehrungserlebnis. Dies hatte weitreichende Folgen für seinen Beruf als Schiffskapitän, mit dem er sich auch durch Sklavenfahrten sein Geld verdiente. Zwar dauerte es noch ca. 30 Jahre, bis er sich vollkommen gegen die Sklaverei aussprach, doch schon bald noch seiner Bekehrung wurde er Prediger und Diakon der anglikanischen Kirche. Seine Chance ein neues Leben zu beginnen, schrieb er Gottes Gnade zu, die sich an ihm mächtig erwies. Sein Bekehrungserlebnis verschaffte ihm Klarheit, sich gegen die Sklaverei einsetzen, obwohl er zuvor wie die meisten seiner Zeitgenossen der Verblendung erlegen war, dass Sklaven Menschen zweiter Klasse wären und dass es moralisch in Ordnung war sie auszubeuten. Newtons Biographie fand weltweite Beachtung.

Die deutsche Übersetzung des Liedes unter dem Titel „O Gnade Gottes wunderbar" von Anton Schulte ist sehr gelungen.

O Gnade Gottes wunderbar

O Gnade Gottes, wunderbar
hast du errettet mich.
Ich war verloren ganz und gar,
war blind, jetzt sehe ich.

Die Gnade hat mich Furcht gelehrt
und auch von Furcht befreit,
seitdem ich mich zu Gott bekehrt
bis hin zur Herrlichkeit.

Durch Schwierigkeiten mancher Art
wurd' ich ja schon geführt,
doch hat die Gnade mich bewahrt,
die Ehre Gott gebührt.

Wenn wir zehntausend Jahre sind
in seiner Herrlichkeit,
mein Herz noch von der Gnade singt
wie in der ersten Zeit.

Was würde geschehen

Was würde geschehen
wenn alle sagten:
„Was würde geschehen,
wenn wir von KLARHEIT erleuchtet sind…"

Und (k)einer hebt ab
aus dem Lande der Orientierungslosigkeit
um zu sehen was geschieht
wenn man die Flügel ausbreitet und abhebt
ins Land der Fülle
wo man fliegt.

Ich bin dankbar für das Wunder
das geschah
der Klarheit begegnet zu sein
und für das tägliche Licht auf meinem Weg.

Jesus sprach: „Ich bin das Licht der Welt. Wer mir folgt, wird nimmermehr
in der Finsternis wandeln, sondern das Licht des Lebens haben." (Joh. 8,12)

Denkanstöße zur Klarheit

- Bin ich mir klar, wo ich in meinem Leben hinwill?
- Schaffe ich klare Verhältnisse zu meinen Mitmenschen?
- Fällt es mir schwer, klare Entscheidungen zu treffen?
- Kenne ich das Gefühl, dass das Leben durch meine Klarheit leichter wird?

8. Freiheit

Abendstimmung am Gaisberg

Zahme Vögel singen von Freiheit. Wilde Vögel fliegen.

JOHN LENNON

Die größte Freiheit ist keiner Laster Knecht zu sein.

AUS SCHLESIEN

Unfreiheit lehrt Freiheit.

RUSSISCHES SPRICHWORT

Die Freiheit in Kürze

Der Mensch ist von Natur aus nicht absolut frei. Wir sind von Geburt an abhängig von unserer Herkunft und dem Umfeld, in das wir hineingeboren werden. Diese wechselseitigen Beziehungen machen uns nicht unfrei, sondern sie bilden einen veränderbaren Rahmen, in dem wir freie Entscheidungen treffen und unser Leben gestalten können. Untrennbar verbunden mit der Freiheit ist die Verantwortung für unsere Entscheidungen.

Das Gegenteil von Freiheit sind Zwänge, Gebundenheiten und Süchte, die uns einengen, in ein Gefängnis sperren, uns nicht erlauben, unsere wahre Bestimmung zu leben. In Gebundenheit verstrickte Menschen kennen den Seufzer aus Römer 7,24: „Ich unglückseliger Mensch! Wer wird mich von dem Leib dieses Todes befreien?" Als Christen glauben wir aber daran, dass Gott in Jesus Christus die Initiative ergreift und uns Freiheit anbietet durch die Bindung an ihn. Jesus garantiert allen, die ihm nachfolgen: „Ihr werdet die Wahrheit erkennen und die Wahrheit wird euch frei machen. [...] Wenn also der Sohn euch frei macht, werdet ihr wirklich frei sein." (Johannes 8,32+36)

Ein Gespräch mit meinem Flügel zum Thema Freiheit

Allgemeine Überlegungen zur Freiheit

Was sagst du zum Thema grenzenlose Freiheit?

Mit der Freiheit ist das so eine Sache. Je mehr ich darüber nachdenke, desto komplizierter wird es. Was ist denn grenzenlose Freiheit? Hinter der Sehnsucht, fliegen zu können, kann der Wunsch nach grenzenloser Freiheit stecken. Aber grenzenlos gibt es in unserer begrenzten Welt nicht. Alle Abläufe in der Natur folgen Regeln und Gesetzmäßigkeiten. Wir sind mit unserer Umwelt verbunden und unser Verhalten hat Auswirkungen auf andere. Wir sind in eine Familie hineingeboren, in der es Freiheiten, aber auch Zwänge gibt. Und selbst unsere eigene Persönlichkeit beschränkt uns. Es kann passieren, dass wir uns selbst im Wege stehen, ohne es zu wollen. Manchmal trägt auch die Erziehung ihren Teil dazu bei, dass wir uns in unserer Entwicklung nicht frei fühlen.

Gibt es also eine grenzenlose Freiheit? Nein, da keiner von uns losgelöst von Kultur, Gesellschaft und Familie lebt, sondern eingebettet ist in seine Umstände. Aber es gibt eine bedingte Freiheit.

Du hast gesagt, dass uns unsere Erziehung einschränken kann. Wie war das bei dir?

Ich wuchs in schwierigen Verhältnissen in einem Flüchtlingslager auf. Ich genoss eine große Freiheit. Mein Vater schuftete von früh bis spät, ließ aber das Geld dann am Abend im Wirtshaus liegen. Meine Mutter schickte mich schon als jungen Buben des Öfteren dorthin, um den Vater heimzuholen, bevor er das ganze Geld für Alkohol ausgegeben hatte. Sie war von ihren Sorgen darüber, wie sie die Familie über die Runden bringen konnte, sehr in Anspruch genommen. Meine Eltern redeten mir in meiner Kindheit und Jugendzeit nichts drein. So kam es, dass ich regelmäßig die Schule schwänzte und immer mehr auf die schiefe Bahn geriet. Also führte meine zu große Freiheit erst recht zu Unfreiheit. Meine Jugend war voller Gefahren und ich schlängelte mich auf Irrwegen durchs Leben. Als ich 14 Jahre alt war, zogen meine älteren Brüder die Notbremse und bestanden darauf, dass ich in ein Kinderheim kam. Dort hatte ich dann geordnete Verhältnisse. Plötzlich ging es auch schulisch bergauf. Da ich in der Hauptschule zweimal sitzenblieb, hatte ich mit 16 zwar meine Schulpflicht beendet, aber noch keinen Schulabschluss. Ich machte freiwillig noch die 4. Klasse Hauptschule und konnte dann eine erfolgreiche Lehre beginnen.

Mit 17 hatte ich ein entscheidendes Bekehrungserlebnis und stellte ganz bewusst mein Leben unter Gottes Führung. Seitdem habe ich immer wieder die Erfahrung gemacht, dass ich gut unterwegs bin. Wenn ich auf mein Leben zurückschaue, überwiegt die Dankbarkeit für mein Leben und für das, was aus mir geworden ist. Ich verstehe es als Geschenk, dass ich trotz der Umwege, die ich gegangen bin, mit meinem Leben zufrieden bin. In meiner Jugendzeit habe ich auch meine Frau kennengelernt, deren Wusch auch war Gott nachzufolgen. Ich bin froh, dass wir uns bis heute schätzen und ehren und dass die Liebe und das Verständnis füreinander wachsen dürfen. Ich bin auch dankbar für meine Kinder und Enkelkinder. Ich bin reich gesegnet worden. Ich bin dankbar, dass ich mein Leben gestalten und dafür Verantwortung übernehmen kann. Das ist für mich Freiheit.

Die Fliegerei und die Freiheit

Was hast du aus dem Paragleiten zum Thema Freiheit gelernt?

Ich würde sagen, dass die Freiheit damit zu tun hat, zu wissen, wo wir hinwollen. Wir müssen das Ziel anvisieren und nicht mehr aus den Augen lassen, um uns nicht wieder in Gebundenheiten zu verstricken. Hier ist für mich das Paragleiten eine schöne Metapher für das Leben. Als ich in der Schweiz meine Grundausbildung machte, schrieb ich meinen Töchtern:

„Heute habe ich den Bezugspunkt aus den Augen gelassen und bin deshalb leider mit dem Schirm nach rechts in den Wald gegangen. War zwar ungefährlich, aber nicht mein Ziel. Ich bin aber trotzdem zufrieden mit mir und mein Fluglehrer auch, obwohl er mich heute „schimpfte", dass ich nicht so viel denken soll. Es geht mir gut mit den kleinen Fortschritten. Auch eine Schnecke kommt ans Ziel. Ich freue mich auf den Tag, wo ich mit euch auf Adlers Flügeln ins Tal fliege." Ihre Antwort: „Wir freuen uns auch schon darauf."

Das, was ich anvisiere und anschaue, beeinflusst und bereichert mein Leben. Es gibt keine inhaltslose Freiheit. Wenn ich mein Leben mit Tugenden fülle, dann befreit mich das von Gebundenheit. Ich werde frei vom Negativen, um für das Positive zu leben.

Du hast vorhin schon angesprochen, dass das Fliegen als große Freiheit angesehen wird. Welches Bild aus der Fliegerei symbolisiert für dich Freiheit?

Ich würde sagen die Flügel. Bildlich gesprochen sind wir dann frei, wenn wir unsere inneren Flügel nutzen. Sprichwörtlich wird auch gerne auf Flügel Bezug genommen. Wenn jemandem Flügel wachsen, dann wird er oder sie in einer Sache besser, stärker oder unabhängiger. Und umgekehrt sprechen wir davon, dass jemand, der mutlos oder deprimiert ist, die Flügel hängen lässt. Eine andere Redensart, die Unfreiheit ausdrückt lautet: jemanden am Schlafittchen packen. Vermutlich leitet sich Schlafittchen von Schlagfittich oder Fittich ab, einer Bezeichnung für die Flügel eines Vogels. Die Redensart bedeutet also, jemandem am Weglaufen zu hindern und ihm gehörig die Meinung zu sagen. Derjenige kann seine Freiheit in dieser Situation nicht leben. Er kann nicht abheben.

Gott und die Freiheit

Du sagst, dass Menschen einerseits die Sehnsucht nach Freiheit haben, dass es aber eine grenzenlose Freiheit gar nicht gibt. Inwiefern sollen wir denn dann nach Freiheit streben?

Da sind vor allem zwei Fragen relevant. Die erste: Wovon möchte ich gerne frei werden? Und die zweite: Wofür möchte ich meine Freiheit verwenden? Diese zwei Fragen geben der Freiheit einen Rahmen, in dem sie sich entfalten kann. Ungezügelte Freiheit führt zur Überforderung, weil wir damit nicht umgehen können.

Meine Antwort auf die erste Frage ist, dass ich frei von Gebundenheit werden möchte. Jesus sagt in Johannes 8,34-36: „Wahrlich, wahrlich, ich sage euch:

Jeder, der Sünde tut, ist ein Sklave. Der Sklave aber bleibt nicht für immer im Hause. Der Sohn bleibt für immer. Wenn also der Sohn euch frei macht, werdet ihr wirklich frei sein." Ich habe schon des Öfteren erfahren, dass sich dieses Versprechen Jesu Christi in meinem Leben bewahrheitet hat. Durch den Einfluss von Jesus können wir von negativen Einstellungen und Eigenschaften in unserem Leben befreit werden. Paulus listet in Galater 5 einige davon auf, zum Beispiel Feindschaft, Zank, Eifersucht, Zorn, Hader, Zwistigkeiten, Parteiungen, Neid und Trunkenheit. Das sind Beispiele für Dinge, von denen ich frei sein möchte.

Und wozu möchtest du frei sein?

Um das Leben in seiner Fülle und zur Verherrlichung Gottes zu leben. Jesus sagt in Johannes 10,10: „Der Dieb kommt nur, um zu stehlen und zu töten und zu verderben. Ich bin gekommen, damit sie Leben haben und es in Fülle haben." Dieses Leben in Fülle möchte ich leben. Wenn wir aus dem Blick verlieren, dass Jesus die Fähigkeit und Kraft hat, uns frei zu machen, haben wir Schwierigkeiten, in der Fülle zu leben. Unser Bezugspunkt, den wir anvisieren, sollten die Tugenden sein, die wir in unserem Leben kultivieren wollen. Sobald wir diese aus den Augen lassen, nehmen stattdessen die Laster überhand und wir gehen in die falsche Richtung. Paulus schreibt in Galater 5,1: „Zur Freiheit hat Christus uns befreit; so steht denn fest und lasst euch nicht wieder in das Joch der Knechtschaft spannen." Wir müssen also aufpassen, dass wir unsere Freiheit nicht wieder verlieren.

Abschließende Gedanken zur Freiheit

Was haben wir davon, wenn wir uns von den Dingen befreien, die uns gefangen halten?

Es gibt viele Dinge, die uns gefangen halten können. Dazu gehören zum Beispiel Süchte, die unsere Freiheit einschränken und uns sogar das Leben zerstören können. Aber es gelingt Menschen immer wieder, ihre Süchte zu überwinden und ein neues Leben anzufangen. Das ist buchstäblich Freiheit. Eine schlechte Gewohnheit gegen eine gute einzutauschen – das ist Freiheit. Bei manchen von uns liegt die Unfreiheit im eigenen Kopf. Unsere Gedanken können wie ein Gefängnis sein. Sie kreisen ständig um dasselbe Thema und wir können es nicht loslassen. Wenn wir dann auch noch daran denken, was die anderen von uns halten werden, dann sind wir tatsächlich im eigenen Gefängnis gefangen.

Wenn es Menschen im Laufe ihrer Entwicklung gelingt, sich aus diesen Umklammerungen zu befreien, ist das der wunderschöne Beginn eines abenteuerlichen Lebens. Es kann sein, dass erwachsene Kinder draufkommen, dass sie sich von ihren Eltern lösen müssen. Der umgekehrte Fall kommt seltener vor, aber manchmal müssen sich auch Eltern von ihren erwachsenen Kindern lösen, die sich ihnen gegenüber ungerecht und einschränkend verhalten. Wenn ein Vater oder eine Mutter es dann im hohen Alter noch schafft, sich von solchen Kindern zu distanzieren, ist das nicht leicht, bringt aber Freiheit.

Bei jemand anderem geht es um die Arbeitsstelle. Müssen wir bei einem Job bleiben, der uns keine Freude macht und uns sogar deprimiert? Das ist eine gute Chance zu überlegen, aus welchen Situationen wir aussteigen und wo wir uns befreien sollten.

Wie drückt sich Freiheit in unserem Leben aus?

Manchen Menschen kann man am Gesicht oder an der Körperhaltung ablesen, wie gefangen sie sind. Sie sind verbittert, starrköpfig und sperren sich gegen alles Neue. Um es mit einem Bild zu sagen: Statt sich treiben zu lassen, weil man weiß, dass es sich in einer bestimmten Situation nicht lohnt gegen die Strömung zu schwimmen, kämpfen sie unerbittlich dagegen an. Oder um das Bild des Windes zu verwenden: Wir müssen den Gegenwind nutzen, um abzuheben, statt gegen ihn anzukämpfen. Wir müssen uns von ihm tragen lassen und weiterfliegen.

Von Muhammad Ali heißt es: „Ein Mensch ohne Phantasie hat keine Flügel.“[33] Ein Mensch ohne Phantasie und Intuition schränkt sich in seinen möglichen Erfahrungen ein. Er bleibt nicht in Bewegung, sondern wird starr. Für mich ist das ständige in-Bewegung-bleiben eine Art der Freiheit.

Der berühmte Bergsteiger Kammerlander sagte: „Verliere nie den Rest deiner Kindheit, das Lockere. Dann nämlich gehören die Berge dir, sonst gehörst du ihnen.“[34] Freiheit und Lockerheit sind eng verwandt. Menschen, die die Leichtigkeit im Leben entdeckt haben und nicht nur den Ernst, entwickeln die Freiheit, mit Phantasie, Kreativität und Spontanität zu leben. Daraus kann sich jeden Tag neu eine Leidenschaft für das Leben entfalten. Das ist Freiheit.

Aus dem Reichtum des Liederschatzes

Das Lied „Lobt Gott ihr Christen allzugleich“ stammt von Nikolaus Herman (ca. 1500-1561), der als Kantor und Lehrer in der kleinen, reichen Bergbaugemeinde Joachimsthal im tschechischen Erzgebirge wirkte.

Zur Entstehung des Liedes ist folgende Geschichte überliefert: Nikolaus Herman hatte einen begabten Sohn namens Christoph, von dem er sich wünschte, dass er in seine Fußstapfen treten würde. Christoph wollte jedoch so schnell wie möglich Geld verdienen, arbeitete im Bergbau und geriet durch seine Freunde auf die falsche Bahn. Schließlich packte er seine Sachen und verließ sein Elternhaus und seine Heimatstadt. Acht Jahre lang hörte der Vater nichts mehr von seinem Sohn. Vor lauter Kummer schrieb er auch keine Lieder mehr.

Nach acht Jahren kam Christoph am Vorabend zu Weihnachten in seine Heimstadt zurück, traute sich aber nicht bei seinem Elternhaus anzuklopfen. Stattdessen ging er weiter zu der Silbermine, in der er früher gearbeitet hatte. Sie war längst stillgelegt und man hatte eine Tür eingebaut, wo es früher keine gegeben hatte. Er ging in den Stollen und sah sich um, als plötzlich die Tür von selber zuschlug. Mit Entsetzen bemerkte Christoph, dass sie auf der Innenseite keine Klinke hatte. Er konnte die Tür nicht öffnen, und auch sein Schreien konnte niemand hören. Schließlich legte sich Christoph verzweifelt in eine Ecke und schlief erschöpft ein.

Nach dem Weihnachtsgottesdienst fragte der alte Steiger den Lehrer Nikolaus Herman, ob er nichts von seinem Sohn gehört hatte. Der Lehrer schüttelte den Kopf. Darauf sagte der alte Steiger: „Ich hätte schwören können, gestern Abend sah ich jemanden Richtung Silbermine gehen. Es war zwar dunkel, aber er hatte einen Gang wie Christoph." Nikolaus Herman überlegte nicht lange. Die beiden liefen zum Bergwerk. Sie riefen, suchten alles ab und öffneten die Tür zum Stollen. Und da lag Christoph. Er lebte und stammelte vor sich hin: „Die Tür ist zu. Sie geht nie wieder auf." Aber sein Vater, überglücklich, nahm ihn in die Arme und sagte: „Wach auf, die Tür ist offen. Die Tür ist offen. Komm wir gehen nach Hause." Und am selben Abend griff Nikolaus Herman wieder zur Feder und begann zu schreiben: „Lobt Gott ihr Christen…"

Wir spüren in diesen Strophen die Freude, dass sein Sohn lebt und nach Hause gekommen ist. Weihnachten will uns sagen, dass die Tür weit offen ist und dass Gott in Jesus als Mensch zu uns gekommen ist. So können wir nun durch diese geöffnete Tür wieder zu Gott zurückkommen. Das ist die große Freiheit, von der Jesus in Johannes 10,9 gesprochen hat: „Ich bin die Tür. Wer durch mich hineingeht, wird gerettet werden, und er wird ein- und ausgehen und Weide finden."

Lobt Gott ihr Christen allzugleich

Lobt Gott, ihr Christen, allzugleich,
In seinem höchsten Thron,
Der heut schließt auf sein Himmelreich
Und schenkt uns seinen Sohn.
Und schenkt uns seinen Sohn.

Heut schließt er wieder auf die Tür
Zum schönen Paradeis:
Der Cherub steht nicht mehr dafür,
Gott sei Lob, Ehr und Preis!
Gott sei Lob, Ehr und Preis!

Was würde geschehen

Was würde geschehen
wenn alle sagten:
„Was würde geschehen,
wenn wir uns BEFREIEN von allem unnötigen Ballast
und lernen loszulassen…"

Und (k)einer hebt ab
aus dem Lande der Gebundenheit
um zu sehen was geschieht
wenn man die Flügel ausbreitet und abhebt
ins Land der Fülle
wo man fliegt.

Ich bin dankbar für das Wunder
das geschah
der Freiheit begegnet zu sein
und täglich erlöst zu leben.

„Wenn also der Sohn euch freimacht, werdet ihr wirklich frei sein."
(Joh. 8, 36)

Denkanstöße zur Freiheit

- Wo habe ich Befreiung erlebt?
- Wovon will ich frei werden?
- Wie kann ich meine Freiheit in Verantwortung leben?
- Wie will ich mich für die Freiheit anderer einsetzen?

9. Achtsamkeit

Halo in Werfenweng

Wer viel gewinnen will,
muss auf die kleinen Dinge achtsam sein.
MARY WARD

Frieden entsteht durch wachsende
Toleranz und Achtsamkeit.
BRITTA V. BREMER

Achtsamkeit bedeutet, behutsam sein mit sich selbst
und allen Geschöpfen dieser Erde.
ROSWITHA BLOCH

Die Achtsamkeit in Kürze

Achtsamkeit ist verwandt mit Wachsamkeit. Achtsam kann nur der sein, der nicht schlafend durch den Tag geht, sondern mit Aufmerksamkeit die Welt bewusst wahrnimmt. Achtsamkeit fragt sich: Womit nähre ich mein inneres Leben? Von welchen Quellen trinke ich? Wie bin ich verwurzelt? Wenn wir den Tag achtsam beginnen, fällt es uns leichter, untertags immer wieder innezuhalten und uns zu fragen: Bin ich noch bei mir? Bin ich noch verwurzelt? Bin ich in der Gefahr mich antreiben oder hetzen zu lassen? Soll ich einen Gang hinunterschalten oder gar eine Pause machen?

Wer nicht gelernt hat, mit sich selbst achtsam umzugehen, ist sich selbst gegenüber unbedacht, leichtfertig und verantwortungslos. Er erkennt nicht den Wert des Lebens, das gehegt und gepflegt werden muss, weil es uns nur geschenkweise anvertraut ist. Wer achtlos ist, steht in der Gefahr zu rennen statt zu gehen und zu hetzen statt zu stehen. Dem Unachtsamen gelingt es oft nicht, seine leise innere Stimme zu hören, die ihn vor Gefahren warnen möchte.

In Psalm 1,1-3 wird der gerechte Mann verglichen mit einem Baum, der in der richtigen Umgebung seine Wurzeln geschlagen hat:

> Selig der Mann, der nicht folgt dem Rate der Frevler,
> Der nicht auf dem Wege der Sünder geht,
> noch sitzet in der Runde der Spötter;
> Der aber Freude hat an der Weisung Jahwes,
> und über seiner Weisung murmelt bei Tag und bei Nacht.
> Er gleicht einem Baum,
> gepflanzt am Rande der Wasser,
> Der Früchte trägt zu der Zeit und dessen Blätter nicht welken:
> Ja, alles, was er tut, es gelingt ihm.

Ein Gespräch mit meinem Flügel zum Thema Achtsamkeit

Allgemeine Überlegungen zur Achtsamkeit

Du hattest vor einigen Jahren ein Burnout. Nun sprichst du über Achtsamkeit. Glaubst du, dass Achtsamkeit einem Burnout vorbeugen kann?

Ich denke schon. Ich selbst bin durch verschiedene Umstände vor Jahren in ein Burnout gerutscht. Gott sei Dank bin ich Schritt für Schritt aus diesem dunklen Tal herausgekommen. Dazu hat auch die Fliegerei einen schönen und wichtigen Beitrag geleistet. Unter anderem, weil ich dadurch gelernt habe, mich selbst zu spüren und mir Zeit zu lassen.

Im ersten von Luis Trenkers Bergsteiger-Geboten heißt es: „Du sollst keine Bergfahrt unternehmen, der du nicht gewachsen bist; du musst dem Berg überlegen sein und nicht der Berg dir! [...] Du sollst dir Zeit lassen und nicht mit dem Minutenzeiger um die Wette laufen und Höchstleistungen aufstellen wollen. Du sollst nicht Gipfel fressen, sollst aber auch nicht der bergsteigerischen Tat in ihrer vielfältigen Form aus dem Wege gehen!"[35] Luis Trenker spricht hier vom Bergsteigen, aber ich möchte dieses Bild auf unser Innenleben anwenden. Jeder von uns hat auch innerliche Berge, die wir erklimmen und denen wir überlegen sein müssen. Wenn wir einem solchen inneren Berg nicht gewachsen sind oder ihn mit Hektik und Eile erklimmen wollen, dann können wir leicht abrutschen, z.b. in ein Burnout. Weil unsere heutige Zeit so hektisch ist, ist es umso wichtiger, dass wir achtsam mit uns selbst umgehen. Trotzdem müssen wir uns immer wieder neuen Herausforderungen, aber nicht Überforderungen, stellen.

Das 10. Gebot von Luis Trenker passt auch gut zu diesem Thema: „Du sollst die Berge nicht durch Rekordsucht entweihen. Du sollst ihre Seele suchen."[36] Wir sollen nicht die Berge hinauf und hinunter hetzen und dadurch ständig unseren Akku bis aufs Letzte entladen. Wir sollten durch das Sich-auf-den-Berg-Einlassen zur Ruhe kommen und staunen lernen. Und dafür brauchen wir Zeit.

Es wird behauptet, dass Burnout das Los der Selbstständigen ist, denn Selbstständige arbeiten bekanntlich „selbst ständig". Denkst du das stimmt?

Ich denke, dem ist nicht so. Es können auch Mütter ständig überfordert sein. Oder eine Angestellte. Ein Fernfahrer. Ein Lehrer, der der Herausforderung, den Schülern ein Vorbild und Gegenüber zu sein, nicht gewachsen ist.

Vor Jahren überkam mich an einem heißen Arbeitstag in Salzburg ein Schwindelanfall, der so intensiv war, dass ich mit der Rettung ins Krankenhaus eingeliefert werden musste. Ein bekanntes Ehepaar erlebte das mit. Als wir uns später wieder trafen, schenkte mir der Mann ein Eichhörnchen mit einem Glöckchen, um mich daran zu erinnern, dass die Glocke Alarm läutet, wenn ich zu viel arbeite oder übertreibe. Wer ständig seine Grenzen überschreitet, wer sich ständig überschätzt, wer ständig seine Kräfte bis zum Letzten auslaugt und auf Reserve fährt, der wird eines Tages die Rechnung dafür vorgelegt bekommen. Acht haben auf sich selbst bedeutet, sich seiner eigenen Grenzen bewusst zu sein und sie zu respektieren.

So wie man sein Auto regelmäßig zum Service bringt, sollten wir auch unser Leben regelmäßig einem Service unterziehen. Wir sollten darauf schauen, dass es uns gut geht und Ruhezeiten in unseren Alltag einbauen. Ich habe es mir zur Routine gemacht, jeden Tag andächtig zu beginnen, einen

Bibelabschnitt zu lesen, zu beten und zu überlegen, was der Tag heute Schönes bringen könnte und wofür ich dankbar bin. Es tut uns auch gut, einen regelmäßigen Ruhetag zu haben. Für religiöse Menschen ist das normalerweise der Sonntag, an dem sie sich Zeit nehmen, um in den Gottesdienst zu gehen. Für nicht religiöse Menschen muss es nicht ein Gottesdienst sein. Sie können in der Natur entspannen, indem sie sich Zeit nehmen, um wandern zu gehen, sich an einen Fluss oder See zu setzen und still zu werden, die Wunder der Natur zu betrachten und innerlich aufzutanken. Es tut uns auch gut, uns während der Woche immer wieder Zeit zu nehmen, um zu entspannen, mit unserem Partner einen schönen Abend genießen, einen Film anschauen oder uns etwas Gutes tun.

Die Fliegerei und die Achtsamkeit

Von vielen Leuten hört man, dass sie zu viel zu tun haben. Dass sie in den verschiedenen Lebensbereichen, Arbeit, Partnerschaft, Familie, herausgefordert und überfordert sind. Glaubst du, dass auch Freizeit, statt zu entspannen, noch mehr Stress erzeugen kann?

Ja, das stimmt. Es ist schade, wenn wir uns in unserer Freizeit noch mehr Stress zufügen. Wie leicht kann das auch beim Paragleiten passieren. Bei einigen Paragleitern lässt sich eine hektische und nervöse Einstellung beobachten. Irgendetwas treibt sie an, das nicht stimmig und auch nicht gesund ist. Mir fällt das immer wieder bei der Haltung auf, die man zum Start mitbringt. Manche Paragleiter sagen sich beim Starten: „Hau dich raus oder hau dich runter." Diese Leute sind für mich komische Vögel. Denn kein Vogel würde seine Flügel dafür hergeben, um sich voller Risiko und im Adrenalinstoß „runterzuhauen". Man sollte beim Starten eine meditative Einstellung haben und nicht Stress oder Leistungsgedanken mitnehmen. Es sollte heißen: „Ich flieg davon." Oder: „Ich flieg hinaus." Oder wie es eine meiner Töchter einmal formulierte: „Und weg war ich."

Menschen, die einen getriebenen Charakter haben, sind in der Gefahr auch beim Paragleiten zu übertreiben und nicht achtsam mit sich selbst umzugehen. Wer seinen Köper überbeansprucht, weil er nur so oft wie möglich mit der Gondel hinauf und mit dem Flügel wieder hinunterfliegen will, stellt sich gar nicht die Frage, ob das sinnvoll ist. Er merkt nicht, dass er sich keine Zeit nimmt, die Jause zu genießen, mit Freunden zu plaudern und die herrliche Bergwelt auf sich wirken zu lassen.

Es kann uns Paragleitern auch leicht passieren, dass wir uns denken: „Ich muss noch dorthin und dahin, um den Wind und das günstige Wetter auszunützen." Das wurde mir deutlich, als ich mit meiner Frau, meiner

Tochter und meinem Schwiegersohn in Dänemark Urlaub machte, um dort an der Küste zu fliegen. Leider spielte das Wetter gar nicht mit. Der Wind war zu stark. Es regnete immer wieder. Und jeden Tag hörten wir, dass es an einer anderen Stelle der Küste, ein paar hundert Kilometer entfernt, eventuell zum Fliegen ginge. Wir fuhren lange Strecken, um zu den zum Fliegen geeigneten Orten zu kommen. Im Laufe des Urlaubs wurde mir bewusst, dass das stressig war und ich nicht zur Ruhe kam. Ich musste die Notbremse ziehen und darauf schauen, was gut für mich war.

Dazu passt ein Spruch deines Fluglehrers: „Wenn du in der Gefahr bist abzustürzen, dann raus mit dem Retter."

Das stimmt. Im Gurtzeug des Paragleiters ist ein Rettungsschirm als Notreserve eingebaut. Und mein Fluglehrer schärfte uns Flugschülern ein: „Wenn du dir keinen Ausweg mehr siehst, dann beherzt raus mit dem Retter. Ohne zu überlegen. Das ist die einzige Chance, dass du eine Katastrophe verhindern kannst, bevor du ganz abstürzt."

Das gilt nicht nur beim Paragleiten, sondern im übertragenen Sinne für jede Situation, die in unserem Leben eine Gefahr darstellt. Bevor wir in der Ehe ganz abstürzen, raus mit dem Retter! Bevor uns die Sucht vollkommen zerstört, raus mit dem Retter! Ganz egal ob es Spielsucht, Alkoholsucht, Drogensucht, Sexsucht, Arbeitssucht oder eine andere Sucht ist, suchen wir uns eine Beratungsstelle! Ob Opfer oder Täter in Situationen von Missbrauch und Gewalt, holen wir uns Hilfe!

Manche Leute kommen mit ihren Sorgen, Ängsten, Belastungen und Zweifeln nicht mehr klar und warten so lange, bis sie beinahe abstürzen oder an Selbstmord denken. Holen wir uns Hilfe! Raus mit dem Retter! Manche Leute verstricken sich in ihrer Vergangenheit und allem, was sie falsch gemacht haben, sodass sie mit Komplexen und Schuldgefühlen herumlaufen. Raus mit dem Retter! Andere sind gefangen in den Gedanken, was in der Zukunft alles Schlimmes passieren könnte. Raus mit dem Retter!

Es ist schwer, anderen gegenüber ehrlich zu sein und einzugestehen, dass wir Hilfe brauchen, deswegen haben wir uns angewöhnt uns zu verstellen. Aber es ist noch schwerer, mit einer Maske durch das Leben zu gehen. Mit Heuchelei. Mit einem Nicht-zu-dem-stehen, was mit mir geschieht. So lebt man zwei parallele Leben statt einem erfüllten. Und die Antwort ist: Dagegen steuern. Ehrlich werden. Einen Ruheplatz finden. Pausen einlegen. Tief atmen lernen. Sich jemandem anvertrauen. Spazieren gehen. Frische Luft reinlassen. Einem Hobby nachgehen.

Das war bei mir zum Beispiel das Fliegen. Das Fliegen kann in unserem Inneren etwas auslösen, das uns uns selbst finden lässt. Die Berge haben etwas Meditatives an sich. Etwas Beruhigendes. Wenn man vor dem Start auf einem Berg oben steht oder für Hike und Fly hinaufgewandert ist, kann man die Festigkeit und Erhabenheit genießen. Vielleicht weckt das auch in uns den Wunsch wie ein Berg so fest und unerschütterlich mitten im Leben zu stehen.

Gott und die Achtsamkeit

Welche Rolle spielt die Achtsamkeit in der Bibel?

Zunächst würde ich sagen, dass Jesus uns zur Achtsamkeit einlädt. Er weiß, dass uns das Leben oft überfordert. Deshalb ist sein Aufruf heute noch genauso aktuell wie damals: „Kommt zu mir alle, die ihr mühselig und beladen seid: Ich will euch erquicken. Nehmt mein Joch auf euch und lernt von mir, denn ich bin sanftmütig und demütig von Herzen, und ihr werdet Ruhe finden für eure Seelen. Denn mein Joch ist sanft und meine Last ist leicht." (Matthäus 11,28-30)

Als ich in der Schweiz meinen Tandemflug machte und oben auf dem Berg stand, kam mir der Bibelvers in den Sinn: „Du stellst meine Füße auf weiten Raum." (Psalm 31,9) Wie wohltuend ist es, auf einem Berg zu stehen, die Weite zu sehen, die frische Luft einzuatmen und zu wissen, dass mein Leben nicht für die Enge, sondern für die Weite angelegt ist, nicht für die kurze Sicht, sondern für die lange Sicht.

Du hast im Kapitel „Freude" schon davon geschrieben, dass wir manchmal zu streng, zu hart, zu rigoros mit uns selbst sind. Dass wir zu uns selbst nicht gut sind. Inwiefern ist die Achtsamkeit ein Gegenmittel für diese Strenge?

Zu diesem Thema gibt es einen Bibelvers, der mir viel bedeutet. Der Apostel Paulus schrieb an seinen Mitarbeiter Timotheus: „Habe acht auf dich selbst." (1. Timotheus 4,16) Das wirkt für mich befreiend. Ich muss darauf achten, wie streng ich zu mir selbst bin. Ich darf nicht glauben, dass ich zu einem guten Leben komme, wenn ich zu asketisch bin und mir selbst nichts gönne. Damit behindere ich den Fluss des Lebens. Ich baue einen Staudamm, aber wehe, wenn der bricht.

„Habe acht auf dich selbst", hat auch damit zu tun, dass wir unseren Selbstwert erkennen und damit zufrieden sind, wer wir sind und wer wir noch sein werden. Dass wir uns nicht mit anderen vergleichen und andere zu kopieren versuchen. Wir dürfen echt mit uns selbst sein und müssen nicht andere nachäffen.

Noch ein Wort an die, die so wie ich von Natur aus gutmütig sind. Die niemandem etwas zuleide tun möchten und friedfertig wie ein Lamm durch die Welt gehen. Diese Menschen ergreifen oft Sozialberufe wie Pastor, Seelsorger, Arzt, Krankenschwester usw. Sie wollen anderen helfen. Das ist aber keine Garantie dafür, dass sie gelernt haben, sich nicht nur um andere, sondern auch um sich selbst zu kümmern. Paulus schreibt: „Habe acht auf dich selbst." Wer sich selbst vergisst, wer sich nur für andere aufopfert, wird eines Tages merken, dass der eigene Tank leer ist. Dazu kommt noch, dass manche Menschen, die narzisstisch veranlagt sind, sofort merken, dass wir gutmütig sind und sie uns sprichwörtlich aussaugen können. Wir merken es erst spät, wenn überhaupt, dass wir geneigt sind, zu allem ja zu sagen, statt in uns hinein zu horchen und wenn nötig nein zu sagen. Wir müssen auf uns selbst hören und dann von ganzem Herzen ja sagen, wenn das auch stimmig ist. Aber wir dürfen ja und nein nicht vermischen.

Abschließende Gedanken zur Achtsamkeit

Das Thema Achtsamkeit hat dich auch bei deiner Afrikareise beschäftigt.

Im März 2014 durfte ich die Gelegenheit wahrnehmen, gemeinsam mit meiner Frau die Familie meiner Tochter auf der Missionsstation in Afrika zu besuchen. Als ich zurückkam, habe ich einen Brief verfasst, der ausdrückt, was mich beeindruckt hat. Nachdem die Achtsamkeit ein wichtiges Thema in diesem Brief ist, möchte ich ihn zum Abschluss dieses Kapitels zitieren:

> Ich habe mir die Zeit genommen, zusammen mit meiner Frau unsere Tochter, unseren Schwiegersohn und unsere drei Enkelkinder in Kamerun zu besuchen. Den ganzen Monat März ließ ich mein Buchgeschäft, Handy und Computer hinter mir und folgte der Einladung, das Einsatzgebiet unserer Kinder und die Wycliff-Arbeit in Kamerun kennenzulernen. Der Anlass war unter anderem, dass wir unser jüngstes Enkelkind Simona, die drei Wochen vor unserer Ankunft geboren worden war, begrüßen und kennenlernen wollten.

> Ich wusste nicht, was mich erwarten würde, machte mir keine großen Vorstellungen und hatte eher ein bisschen „Bammel", ob alles gut gehen wird.

> Im Flieger – Afrika schon unter mir – las ich von Albert Schweitzer und seinen Erlebnissen in Afrika. Als er 1915 am Deck eines kleinen Dampfers den Ogawe flussaufwärts nach Lambarene zu einem Tropenspital schiffte, beobachtete er den Kapitän. Mit großer Mühe und Achtsamkeit suchte dieser mit seinem Dampfer einen Weg durch eine Herde Nilpferde, ohne sie zu verletzen, was Schweitzer sehr beeindruckte. Sein jahrelanges Suchen nach einem geeigneten Begriff für seine Weltanschauung, die die westliche Welt und Afrika verbinden könnte, war geboren: „Ehrfurcht vor dem Leben."

> Das ermutigte mich, offen und achtsam, alles auf mich zukommen zu lassen.

> Bei meinen ersten Eindrücken in Afrika konnte ich noch nicht viel „Ehrfurcht vor dem Leben" und der Natur erkennen. Ich sah viel Plastikmüll in Städten und

Dörfern bis in die Berge und sogar am Strand. Ich roch den Gestank der uralten Autos und Mopeds, die von uns in Europa ausrangiert worden sind. Ich sah viele große Sattelschlepper mit riesigen Tropenholzstämmen aus den Wäldern auf dem Weg zum Hafen. Mir wurde die schlechte Qualität des Trinkwassers und die eingeschränkten Wohnmöglichkeiten für die Menschen dort bewusst. Mich erstaunte, dass fast jeder Erwachsene ein Handy in der Hand hatte, und selbst die entlegensten Hütten eine Satellitenschüssel hatten.

Ich sah aber auch fröhlich lachende und spielende Kinder, Fischer bei ihren einfachen Booten mit ihrem Tagesfang, Händler am Straßenrand mit den Erträgen ihrer Felder, Frauen, die am Kopf ihre Lasten tragen und am Rücken ihr Baby. Menschen, die zufrieden wirken und mit den Gegebenheiten ihres Lebens klarkommen. Und auch Früchte wie Kokosnüsse, Bananen oder Mangos, die ohne viel Zutun der Menschen üppig an den Bäumen wachsen.

Es war für mich eine Erleichterung festzustellen, dass meine Kinder gerne in Afrika sind und mit den dortigen Lebensumständen gut zurechtkommen. Sie leiden nicht unter dem Mangel an sauberem Trinkwasser oder Strom bzw. den Entbehrungen der uns so selbstverständlich gewordenen Konsumgüter. Mir scheint, sie leben ihre Berufung mit Begeisterung, innerer Erfülltheit und einer gesunden Portion „Abenteuerlust". Dankbar bin ich für den zweitägigen Aufenthalt in dem Dorf Misaje, im Nordwesten Kameruns, ihrem zukünftigen Einsatzort. Dadurch konnte ich einen guten Einblick gewinnen, wie und was sie in Zukunft arbeiten werden.

Ich dachte, Missionare lassen sich vielleicht von der Mentalität der Afrikaner anstecken und arbeiten in dem subtropischen Klima ein bisschen langsamer oder mit weniger Druck. Durch Gespräche mit verschiedenen Missionaren wurde mit bald klar, auch in Afrika und als Missionar kann man zu viel arbeiten, davon überfordert sein und ausgebrennen. Also nicht nur wir Menschen in den Industrieländern sind in dieser Gefahr, uns Stress bis zum Umfallen zuzumuten.

Vor diesem Hintergrund war es mir ein Bedürfnis, an meinem letzten Abend in Afrika den Kindern meinen eigenen Taufspruch zu hinterlassen, der mir kürzlich wieder neu wichtig wurde: „Habt acht auf euch selbst und auf die Lehre." (nach 1. Timotheus 4,16)

Bei mir selber ist viele Jahrzehnte nur der zweite Teil dieses Verses wichtig gewesen und ich hatte den ersten Teil leider außer Acht gelassen. Erst jetzt lerne ich eine Ausgewogenheit zwischen diesen beiden Aufforderungen zu leben. Ja, seid achtsam und besorgt, gut und freundlich zu eurem Körper, eurer Psyche, zu eurem Geist und achtet gut auf euer Herz. Daraus könnt ihr Kraft schöpfen, euch ganz der Lehre, der Bibelübersetzung und der musikethnologischen Arbeit zu widmen.

Möge eure Arbeit auf Gottes Ackerfeld gedeihen und ein wertvoller Beitrag sein für Afrika und den Menschen dort, unter denen ihr lebt, mit denen ihr arbeitet und denen ihr begegnet, dass es ihnen in Zukunft besser gehen darf, dass auch sie noch mehr an der Fülle des Lebens teilhaben können, an Leib, Seele und Geist.

Aus dem Reichtum des Liederschatzes

Das Lied „Müde bin ich, geh zur Ruh" stammt von Luise Hensel (1798-1876), die schon von Kindheit an sehr religiös war. Mit 14 Jahren schloss sie einen heimlichen Pakt mit Gott. Als 18-Jährige schrieb sie ihr bekanntes Gedicht „Müde bin ich, geh zur Ruh", das als Abendlied berühmt geworden ist.

Luise Hensel hatte im Laufe ihres Lebens viele Verehrer, die um ihre Hand anhielten. Sie sah eine Ehe jedoch nicht als ihren Weg und legte 1820 das Gelübde der Jungfräulichkeit ab. Hensel führte ein entbehrungsreiches Leben, setzte sich für den Schulunterricht ein und wirkte als Lehrerin und Erzieherin. 1841 zog sie nach Köln und gründete dort einen caritativen Kreis, bekannt als „Armenkränzchen".

Luise Hensels Grabinschrift lehnt sich an ihr Gedicht an. Sie lautet:

Müde bin ich, geh zur Ruh, sang ich in den Jugendtagen.
Schließe beide Augen zu, wird nun bald der Tod mir sagen.
Herr, mein Gott, das walte du. (Luise Hensel)

Schließe beide Augen zu, hat der Bräutigam gesprochen.
Komm, o Braut, was zagest du? Wenn das ird'sche Aug gebrochen,
schaust du mich in sel'ger Ruh. (Pfr. Ruland)

Auf den ersten Blick kann man die Bedeutung der Achtsamkeit in dem Lied „Müde bin ich geh zur Ruh" leicht übersehen. Auf den zweiten Blick erkennt man, dass man sich nach einem anstrengenden Tag die Nacht mit Gelassenheit gönnen soll, um wieder neue Kraft zu tanken. Hensel drückt in der letzten Strophe auch das Anliegen aus, ihre Mitmenschen Gott anzubefehlen und ihnen zu wünschen, dass sie ebenfalls mit sich achtsam umgehen.

Müde bin ich geh zur Ruh

Müde bin ich, geh' zur Ruh',
Schließe beide Augen zu:
Vater, lass die Augen dein
Über meinem Bette sein!

Hab' ich unrecht heut' getan,
Sieh' es, lieber Gott, nicht an!
Deine Gnad' und Jesu Blut
Macht ja allen Schaden gut.

Fern von mir sei Hass und Neid,
In mir Lieb' und Gütigkeit.
Lass mich Deine Größe schau'n,
Nur auf Dich, o Gott, vertrau'n.

Alle, die mir sind verwandt,
Gott, lass ruh'n in deiner Hand,
Alle Menschen, groß und klein,
Sollen dir befohlen sein.

Was würde geschehen

Was würde geschehen
wenn alle sagten:
„Was würde geschehen,
wenn wir ACHTSAM mit uns und anderen umgehen..."

Und (k)einer hebt ab
aus dem Lande der Ausbeutung und Missachtung
um zu sehen was geschieht
wenn man die Flügel ausbreitet und abhebt
ins Land der Fülle
wo man fliegt.

Ich bin dankbar für das Wunder
das geschah
der Achtsamkeit begegnet zu sein
und das Leben täglich zu achten, zu schätzen und zu pflegen.

„Mit der größten Vorsicht hüte dein Herz; von ihm geht ja das Leben aus."
(Spr. 4,23)

Denkanstöße zur Achtsamkeit

- Gehe ich achtsam mit mir selbst um oder betreibe ich Raubbau mit meinen Ressourcen?
- Habe ich gelernt auf meine inneren Alarmglocken zu hören?
- Was kann ich vorbeugend tun, um nicht aus dem Gleichgewicht zu geraten?
- Gehe ich achtsam mit meinen Mitmenschen und der Schöpfung um?

10. Hoffnung

Abendflug in Werfenweng

Wenn du glaubst es geht nicht mehr,
kommt von irgendwo ein Lichtlein her.
DEUTSCHES SPRICHWORT

Wenn wir aber auf das hoffen, was wir nicht sehen,
so warten wir darauf in Geduld.
DIE BIBEL

Hoffnung ist die beste Arznei.
DEUTSCHES SPRICHWORT

Die Hoffnung in Kürze

Hoffnung ist ein Zeichen dafür, dass wir in einer unvollkommenen Welt leben. Wenn wir nichts mehr zu hoffen haben, ist entweder alles erfüllt oder alles erstorben. Das Gegenteil von Hoffnung ist Hoffnungslosigkeit. Ein hoffnungsloser Mensch hat keine Perspektive in der Gegenwart und für die Zukunft. Darum ist die Hoffnungslosigkeit auch eine Schwester der Verzweiflung. Ein hoffnungsloser Mensch ist zu keinen mutigen Taten mehr fähig, weil der Pessimismus die Oberhand gewonnen hat.

Ein hoffender Mensch vertraut darauf, dass Gott das, was er im Laufe der Geschichte versprochen hat, auch erfüllen wird. In Jesu hat sich die Hoffnung auf ein neues Reich Gottes teilweise bereits erfüllt. Aber wir sehnen uns immer noch danach, dass das Reich Gottes in seiner ganzen Fülle zur Vollendung gelangt. Als die ersten Christen sehnsüchtig darauf warteten, dass Jesus zu ihren Lebzeiten wiederkam und doch einige Christen bereits eines natürlichen Todes gestorben waren, begann ihre Hoffnung zu wanken. Doch Paulus tröstete sie mit den Worten: „Wir wollen euch nicht unwissend lassen, Brüder, damit ihr nicht trauert wie die anderen, die keine Hoffnung haben, denn wenn wir glauben, dass Jesus gestorben und auferstanden ist, so wird Gott auch die in Gemeinschaft mit Jesus Entschlafenen mit ihm führen." (1. Thess. 4,13-14)

Ein Gespräch mit meinem Flügel zum Thema Hoffnung

Allgemeine Überlegungen zur Hoffnung

Wie würdest du die Hoffnung charakterisieren?

Hoffnung ist etwas Lebenswichtiges. Wir alle brauchen Hoffnung. Wenn wir in unserem Leben eine gesunde, lebendige Hoffnung haben, dann ist das eine Kraft, die uns ermöglicht, im Leben abzuheben, zu fliegen und zu landen. Wenn wir dagegen nicht mit Hoffnung und Gelassenheit, sondern mit Verbissenheit in die Zukunft schauen, wird das unsere Lebenseinstellung negativ beeinflussen.

Hoffnung hat verschiedene Facetten und Färbungen. Im täglichen Sprachgebrauch ist Hoffnung gepaart mit Wünschen für eine Situation, auf die wir wenig Einfluss haben. Ich kann zum Beispiel hoffen, dass morgen schönes Wetter ist, obwohl ich das nicht beeinflussen kann. Wenn uns Schweres zustößt oder wir mit einer Krankheit kämpfen, können wir hoffen, dass alles gut ausgeht. Es ist gut, wenn wir die Hoffnung haben, dass sich Probleme lösen werden. Wir brauchen die Überzeugung, dass jeder Tag ein guter Tag sein kann, auch wenn es Tage gibt, die uns nicht gefallen. Eine positive Lebenseinstellung zu haben ist nützlich.

Hoffnung hilft uns auch, wo nötig, die Vergangenheit sein zu lassen und erwartungsvoll in die Zukunft zu blicken. Das wurde mir vor einiger Zeit bewusst, als ich unterwegs war und über einen aktuellen Konflikt mit jemandem nachdachte. Meine erste Reaktion war, in Gedanken zurück in die Vergangenheit zu gehen und mich mit dem Unrecht zu bewaffnen, das mir angetan worden war. Als ich aber beim Autofahren meine Hände anschaute, sah ich, dass sie offen und leer waren. Ich merkte, dass es keinen Sinn hat, alles, was ich als Unrecht empfinde, hochzukehren und damit in den Kampf zu ziehen. Stattdessen verspürte ich eine große Hoffnung, dass ich die Dinge loslassen und auf einen guten Ausgang vertrauen kann.

Die Fliegerei und die Hoffnung

Wie hat dir denn das Fliegen bewusst gemacht, was Hoffnung ist?

Wie ich erwähnt habe, brach ich einmal bei der Arbeit mit einem Schwindelanfall zusammen und wurde ins Krankenhaus eingeliefert. Daraufhin schrieb mir ein Freund seine Anteilnahme und ich antwortete ihm:

> Danke für deine Anteilnahme. Mein innerer Akku beginnt sich schon wieder aufzuladen. Tatsächlich eine Gleichgewichtsstörung. Morgen machen Sie noch eine MR. Bei der Visite heute habe ich das Paragleiten erwähnt. Darüber werden sich die Ärzte noch Gedanken machen… Mir kommen die Tränen, wenn das nicht mehr gehen würde. Beim Radfahren kann ich absteigen, beim Skitour gehen mich in den Schnee legen, aber in der Luft… Schau ma mal. Eine gute Woche wünsche ich dir. Möge Einiges gelingen.
>
> LG Erwin

Meine Angst war also, dass ich nicht mehr Paragleiten könnte. Der Gedanke, dass ich vielleicht mein neues bereicherndes Hobby nicht mehr ausüben könnte, füllte mich mit Traurigkeit. Gleichzeitig hatte ich Hoffnung, dass sich doch alles zum Guten wenden und ich wieder fliegen können würde. Und zugleich wusste ich, dass mein Leben einen Sinn und ein Ziel hatte, die größer sind als das Paragleiten, und dass meine Lebenshoffnung nicht davon abhing.

Hoffnung und Erwartung sind doch zwei verwandte Begriffe.

Als ich einmal auf dem Weg nach Werfenweng war, wurde mir bewusst, was der Unterschied zwischen Hoffnung und Erwartung ist. Ich war unterwegs, um fliegen zu gehen, aber das Wetter war nicht besonders gut. So blieb ich unterwegs auf einem Autobahnparkplatz stehen und machte ein Foto von den Bergen, die völlig wolkenverhangen waren. Ich fragte mich, ob das wohl heute noch etwas werden würde mit dem Paragleiten. Und dann dachte ich über den Unterschied zwischen einer Erwartung und einer Hoffnung nach. Die Erwartung sagt: „Ich habe mich heute extra auf den Weg gemacht, um zu fliegen. Die Wolken müssen sich einfach noch verziehen. Ich habe mir diesen Tag extra freigehalten. Ich erwarte, dass in spätestens zwei Stunden die Sonne durchkommt." Die Hoffnung dagegen formuliert es so: „Ich hoffe, dass sich das Wetter bessert, bis ich in Werfenweng ankomme, und dass ich dann fliegen kann. Aber wenn nicht, habe ich auch die Ski dabei und kann den Tag in den Bergen trotzdem genießen. Meine Traurigkeit darüber, dass ich nicht Paragleiten kann, wird sich in Grenzen halten." Der Unterschied ist, dass mich eine nicht erfüllte Erwartung enttäuscht zurücklässt, weil das Wetter, der liebe Gott oder sonstige Umstände nicht so mitgespielt haben, wie ich das wollte. Wenn ich stattdessen eine Hoffnung habe, kann ich nicht enttäuscht, sondern nur positiv überrascht werden. Ich brauche nicht in Traurigkeit zu verfallen, wenn sie sich nicht erfüllt, weil ich auch noch andere Alternativen habe. Erwartung raubt mir die Kraft, Hoffnung setzt Kreativität frei. Übrigens hatte ich dann an diesem Tag schlussendlich einen wunderschönen Flugtag. Die Hoffnung hatte sich wider alle Erwartungen erfüllt.

Auch in zwischenmenschlichen Beziehungen ist es entlastend, wenn ich dem anderen statt mit Erwartungen mit Hoffnung begegne. Erwartungen erzeugen Druck und Enttäuschung. Hoffnung wirkt anspornend und lässt mir und dem anderen Freiheit.

Gott und die Hoffnung

Was sagt die Bibel über die Hoffnung?

Hoffnung, so heißt es in der Bibel, lässt nicht zuschanden werden. „Aber nicht nur dies, sondern wir wollen uns auch der Drangsale rühmen, da wir wissen, dass die Drangsal Geduld bewirkt, die Geduld Bewährung, die Bewährung Hoffnung. Die Hoffnung aber lässt uns nicht zuschanden werden, weil die Liebe Gottes in unsern Herzen ausgegossen ist durch den Heiligen Geist, der uns geschenkt wurde." (Römer 5,3-5) Der Apostel Paulus weiß, dass uns in unserem Leben immer wieder Schwierigkeiten begegnen werden und ermutigt uns, die Hoffnung in diesen Situationen nicht aufzugeben, weil sie eine große Belohnung hat.

Er konnte gelassen und mit Zuversicht durch widrige Umstände gehen – und derer gab es in seinem Leben viele – weil er wusste, was sein Ziel ist. Er beschreibt es so: „Aber ich halte das Leben keines Wortes wert für mich, wenn ich nur meinen Lauf vollende und meine Aufgabe erfülle, die ich vom Herrn Jesus erhalten habe: die frohe Botschaft von der Gnade Gottes zu bezeugen." (Apostelgeschichte 20,24) Und so kann er dann am Ende seines Lebens sagen: „Ich habe den guten Kampf gekämpft, ich habe den Lauf vollendet, ich habe den Glauben bewahrt." (2. Timotheus 4,7).

Ein anderes Beispiel für jemanden, der lernen musste mit Hoffnung auf das Ziel zuzugehen ist die ältere Dame, die du regelmäßig im Seniorenheim besucht hast.

Es fing damit an, dass mich die Tochter dieser Dame bat, ihrer Mutter als Seelsorger einen Besuch abzustatten. Bei meinem ersten Besuch erzählte sie mir dann aus ihrem reichen Leben und meinte, dass sie schon lange genug gelebt hätte. Mir fiel auf, dass sie ihre Hände zu Fäusten geballt hatte. So schlug ich ihr vor, ihre Hände als Symbol für ihre Einstellung zu sehen. Ich sagte ihr, dass wir uns entscheiden können, wie wir durchs Leben gehen, mit geballten Fäusten oder offenen Händen. Mein Vorschlag war, dass sie ihre Hände bewusst öffnet und auch am Abend mit offenen Händen einschläft. Ich ermutigte sie, Gott zu bitten, bald ohne Schmerzen sterben zu dürfen. Dabei sollte ihr aber bewusst sein, dass wir Gott nicht unseren Willen aufzwingen können, sondern ihm unsere Wünsche anvertrauen sollen. Sie hat meinen Rat befolgt und ihre Einstellung fing an sich zu ändern. Zu ihrer Verkrampftheit, Verbissenheit und Verbitterung kam nun die Gelassenheit dazu. Sie fing auch an, vor dem Einschlafen ein Lied zu singen, das ich ihr bei jedem Besuch vorsang und das diese Hoffnung ausdrückt. Es lautet:

So nimm denn meine Hände
Und führe mich
Bis an mein selig' Ende
Und ewiglich.
Ich mag allein nicht gehen,
Nicht einen Schritt;
Wo du wirst geh'n und stehen,
Da nimm mich mit.

In dein Erbarmen hülle
Mein schwaches Herz
Und mach es gänzlich stille
In Freud und Schmerz;
Lass ruh'n zu deinen Füßen
Dein armes Kind;
Es will die Augen schließen
Und glauben blind.

Wenn ich auch gleich nichts fühle
Von deiner Macht,
Du führst mich doch zum Ziele,
Auch durch die Nacht.
So nimm denn meine Hände

Und führe mich
Bis an mein selig' Ende
Und ewiglich.[37]

Eine gelassene Hoffnung ist nie passiv; sie bleibt aktiv und gespannt. Es heißt in Jesaja 40,28-31: „Weißt du es denn nicht? Hast du es nicht gehört? Ein ewiger Gott ist Jahwe, der die Enden der Erde schuf. Er ermattet nicht und wird nicht müde, seine Weisheit ist unerforschlich. Er gibt dem Müden Kraft und dem Erschöpften Stärke. Die Jugend wird müde und ermattet, selbst junge Krieger brechen zusammen. Die aber auf Jahwe hoffen, schöpfen neue Kraft, empfangen Schwingen gleich dem Adler. Sie laufen und werden nicht müde, sie gehen und werden nicht matt."

Abschließende Gedanken zur Hoffnung

Wir wissen, dass unser Leben endlich ist und dass jeder von uns eines Tages sterben muss. Andererseits denken die meisten von uns nicht gerne daran.

Ich bin davon überzeugt, dass es uns guttut, wenn wir uns mit der Tatsache unserer Endlichkeit schon im Hier und Jetzt positiv auseinandersetzen. Ich kann mir heute schon Gedanken machen, wie ich zu einem guten Ende komme. Es gibt mindestens vier Dinge, die uns helfen, das dann auch zu erreichen.

- Wenn wir unser ganzes Leben lang lernbereit bleiben, ist das eine gute Voraussetzung zu einem guten Ende. Jeder, der bereit ist sich selbst zu hinterfragen, bleibt aktiv, bleibt am Puls der Zeit, bleibt am Leben. In ihm stirbt die Hoffnung eben nicht – auch für die täglichen Situationen.
- Dann ist es wichtig, dass wir einen guten, stabilen Freundeskreis haben. Unsere Freunde sind unsere Stütze, wenn die Hoffnung zu versickern droht. Sie richten uns auf und schauen, dass unser Blick wieder in die richtige Richtung geht.
- Unser Leben lang positiven Werten, wie zum Beispiel den zwölf Tugenden, Raum zu geben und nachzustreben, kann uns helfen, zu einem guten Ende zu kommen.
- Und das Letzte: Wenn wir das Ziel unseres Lebens nicht aus den Augen verlieren, sondern uns bewusst machen, wofür wir leben, hilft uns das, zu einem guten Ende zu kommen.

Sei ein hoffnungsvoller Mensch! Egal ob du in einer misslichen Lage bist und keinen Ausweg mehr siehst oder dich glücklich nennen kannst, weil zur Zeit alles wunderbar läuft. Gib die Hoffnung nicht auf, denn sie hilft dir, ans Ziel zu kommen.

Aus dem Reichtum des Liederschatzes

Das Lied „Wer nur den lieben Gott lässt walten" stammt von Georg Neumark (1621-1681), einem deutschen Dichter und Bibliothekar. Das Lied umfasst sieben Strophen und handelt vom Gottvertrauen. Wir zitieren hier die erste, zweite und sechste Strophe.

Wer nur den lieben Gott lässt walten

Wer nur den lieben Gott läßt walten
Und hoffet auf ihn allezeit,
Den wird er wunderlich erhalten
In allem Kreuz und Traurigkeit.
Wer Gott, dem Allerhöchsten, traut,
Der hat auf keinen Sand gebaut.

Was helfen uns die schweren Sorgen?
Was hilft uns unser Weh und Ach?
Was hilft es, daß wir alle Morgen
Beseufzen unser Ungemach?
Wir machen unser Kreuz und Leid
Nur größer durch die Traurigkeit.

Es sind ja Gott sehr leichte Sachen
Und ist dem Höchsten alles gleich,
Den Reichen arm und klein zu machen,
Den Armen aber groß und reich.
Gott ist der rechte Wundermann,
Der bald erhöhn, bald stürzen kann.

Was würde geschehen

Was würde geschehen
wenn alle sagten:
„Was würde geschehen,
wenn wir von HOFFNUNG erfüllt wären…"

Und (k)einer hebt ab
aus dem Lande der Hoffnungslosigkeit
um zu sehen was geschieht
wenn man die Flügel ausbreitet und abhebt
ins Land der Fülle
wo man fliegt.

Ich bin dankbar für das Wunder
das geschah
der Hoffnung begegnet zu sein
und einen Grund zu haben,
nicht am Boden liegen zu bleiben
und die Flügel hängen zu lassen,
sondern täglich nach Jesaja 40,31 zu leben.

„Die Hoffnung aber lässt nicht zuschanden werden, weil die Liebe Gottes in unsern Herzen ausgegossen ist durch den Heiligen Geist, der uns geschenkt wurde." (Römer 5,5)

Denkanstöße zur Hoffnung

- Bin ich grundsätzlich ein pessimistischer oder hoffnungsvoller Mensch? Wie kann ich der Hoffnung mehr Raum in meinem Leben geben?
- Wo hat sich in meinem Leben Hoffnung erfüllt bzw. nicht erfüllt?
- Kenne ich hoffungsvolle Menschen und was bewirkt der Kontakt mit ihnen in mir?
- Habe ich Angst oder bin ich hoffnungsvoll, wenn ich an mein Ende denke?

11. Glauben

Gut gelandet

Ein Glaube ohne Tat ist ein Feld ohne Saat.
DEUTSCHES SPRICHWORT

Ohne Kopf ist der Glaube blind.
Ohne Herz ist der Glaube blutleer.
Ohne Hand ist der Glaube wirkungslos.
DEUTSCHES SPRICHWORT

Der Gerechte wird aus dem Glauben leben.
DIE BIBEL

Der Glauben in Kürze

Glaube wird oft verstanden als das Fürwahrhalten einer Lehre oder Tatsache. Aber das ist zu wenig. Beim Glauben geht es nicht um die Richtigkeit gewisser Dogmen, sondern um Vertrauen. Ohne Vertrauen wächst Misstrauen, dass schnell dazu führt, dass man sich auch noch von Hoffnung und Liebe abkapselt. So haben dann die positiven Tugenden keine Wachstumschancen mehr. Das Gegenteil von Glauben ist Unglauben. Jeder Mensch muss jedoch an irgendetwas glauben. Deshalb führt Unglauben oft zum Aberglauben.

Weil Gott vertrauenswürdig ist, haben sich Menschen immer wieder auf ein Glaubensverhältnis mit ihm eingelassen. Dem Glauben müssen auch Taten folgen. Der Glaube bringt Frucht in unserem Leben. Deswegen kann Jakobus behaupten: „Was nutzt es, meine Brüder, wenn jemand behauptet, Glauben zu haben, ohne dass er Werke hat? Kann der Glaube ihn retten? Wenn da ein Bruder oder eine Schwester keine Kleider haben und des täglichen Unterhalts entbehren und einer von euch sagt ihnen: „Geht hin in Frieden, wärmt euch und esst euch satt" – ihr gebt ihnen aber nicht, was dem Leibe not tut –, was nutzt das? So ist es auch mit dem Glauben, wenn er keine Werke hat; für sich allein ist er tot." (Jakobus 2,14-17)

Ein Gespräch mit meinem Flügel zum Thema Glauben

Allgemeine Überlegungen zum Glauben

Woher kommt denn die grundlegende Einstellung, dass wir anderen vertrauen können?

Die Startbedingungen auf dieser Welt sind nicht für alle gleich. Wünschenswert wäre es, dass jeder von uns in einer Familie aufwachsen darf, wo die Eltern vom Augenblick der Zeugung an dem wachsenden Kind gegenüber eine positive Einstellung haben. Wenn jeder schon im Bauch der Mutter spüren könnte, dass sich die Mutter freut, ein Kind auf die Welt bringen zu dürfen. Wenn die Mutter und die engsten Bezugspersonen alles tun, um die Bedürfnisse des Kindes zu kennen und zu erfüllen, dann sind das ideale Voraussetzungen für eine gesunde Entwicklung.

Manche haben schlechte Startbedingungen. Sie haben Eltern, die ihnen keine Zuwendung und Aufmerksamkeit schenken oder die deshalb Liebe geben, weil sie von den Kindern Wertschätzung und Anerkennung zurückbekommen wollen. Es ist erstaunlich, dass es manche Menschen trotz schlechter Startbedingungen schaffen, im Leben zurechtzukommen. Sie entwickeln, um es mit einem Fachausdruck zu sagen, ein Kohärenzgefühl, das sie auch in widrigen Umständen durchträgt. Sie sind Stehaufmännchen oder Stehaufweibchen. Es gab in ihrem Leben Personen, die als Ersatzeltern dienten und ihnen trotz allem den Rücken stärkten und sie unterstützten.

Die Fliegerei und der Glauben

Glauben und Vertrauen hängen eng zusammen. Dieses Vertrauen hast du bei einem Tandemflug ganz praktisch erlebt.

Bevor ich mit dem Paragleiten begonnen hatte, war ich einmal mit meiner Frau am Comersee in Italien auf Urlaub. Dort hatte ich spontan die Idee einen Tandemflug zu machen. Ich wollte herausfinden, ob mich das Paragleiten weiterhin faszinieren könnte. Ich rief also einen Tandempiloten an und fragte, ob es möglich wäre, einen Flug mit ihm zu machen. So fuhren wir dann am nächsten Tag auf den Berg. Der Pilot machte einen guten Eindruck auf mich. Obwohl er kein Deutsch sprach, – er war Franzose, lebte aber in Italien und wir verständigten uns auf Englisch – konnten wir uns über das Nötigste unterhalten. Vor dem Start sagte ich ihm noch etwas, das mir wichtig war: „Weißt du, dass ich dir, wenn wir jetzt runterfliegen, mein Leben anvertraue? Ich verlasse mich auf dein Können und lege mein Leben in deine Hände." Mir wurde bewusst, was in dieser Situation Glauben hieß: Ich vertraute diesem Piloten, dass er mich mit seinem Wissen, seinem Können und seiner Erfahrung am Landeplatz unten wieder wohlbehalten auf meine Füße stellen würde.

Dein Fluglehrer in der Schweiz hat dich herausgefordert, deinem Flügel zu vertrauen.

Stimmt. Als ich bei meiner Flugausbildung in der Schweiz Zweifel hatte, ob das alles mit dem Fliegen gut gehen würde, sagte mein Fluglehrer zu mir: „Erwin, du denkst einfach zu viel. Vertrauen und ein Gespür für deinen Flügel kann gegen deinen Kopf sein. Denk nicht so viel. Du musst einfach den Schalter umlegen. Du kannst vertrauen, dass du von deinem Flügel getragen wirst. Vertraue darauf, dass alles gut geht, wenn ihr gut zusammenspielt, und dass du den Flug genießen kannst."

Dieses Vertrauen praktiziere ich oft ganz bewusst, wenn ich in der Luft bin und meine Bremsen loslasse, entspannt in meinem Gurtzeug sitze und den Flug genieße. Ich brauche nichts zu tun. Ich werde getragen. Ich denke darüber nach, wie viel Vertrauen ich aufbringen muss, um glauben zu können. Und ich merke, dass ich gar nichts tun muss. Ich kann mir den Kopf darüber zerbrechen, was alles passieren und unter welchen Voraussetzungen ich abstürzen könnte. Aber ich mache die Erfahrung, dass nichts passiert, dass ich getragen bin. So kann ich beim Fliegen dieses Gefühl des Vertrauens, des Sich-Anvertrauens, ganz praktisch spüren.

Gott und der Glauben

Auch die Bibel spricht doch von diesem Urvertrauen, das die Grundvoraussetzung für den Glauben ist.

Im Alten Testament wird die Beziehung von Mutter und Baby als Bild für einen Herzensfrieden gebraucht: „Schweigen lehrte ich meine Seele, und ich schaffte ihr Frieden. Wie ein Kind auf dem Schoß der Mutter, wie ein Kind so ruht meine Seele in dir." (Psalm 131,2) In der Lutherübersetzung heißt der gleiche Vers: „Ja, ich habe meine Seele gesetzt und gestillt; so ist meine Seele in mir wie ein entwöhntes Kind bei seiner Mutter."

Dieses Urvertrauen, das ein Baby entwickelt, wenn seine Bedürfnisse gestillt werden, ist eine Grundvoraussetzung, dass wir auch später in unserem Leben das Vertrauen oder den Glauben praktizieren können, uns selbst und unseren Mitmenschen gegenüber. Und es ist auch eine gute Voraussetzung dafür, dass wir dieses Vertrauen dann auch einer unsichtbaren Person, nämlich Gott, wenn wir an ihn glauben, entgegenbringen.

Vertrauen ist also ein zentraler Aspekt des Glaubens. Was für andere Aspekte sind noch wichtig, wenn wir uns darüber Gedanken machen, was Glauben bedeutet?

Ich bin überzeugt davon, dass Glaube aktiv ist. Wenn wir Glauben haben, dann ist es so, als ob wir einen innerlichen Sensor eingebaut haben, der im Laufe der Zeit immer sensibler reagiert und uns zeigt, was gerade dran ist. In der Bibel kommen verschiedene Leute in Situationen, wo ihnen ihr Glaube zeigt, dass es Zeit ist, aufzustehen, sich in Bewegung zu setzen, Gewohntes hinter sich zu lassen und sich auf ein neues Terrain zu begeben. Das ist nicht angenehm, wenn nicht feststeht, wohin es geht und wie es ausgehen wird. Aber der Glaube vertraut darauf, geführt zu werden. Als Abraham in 1. Mose 12 aufbricht, heißt es: „Jahwe sprach zu Abraham: ‚Ziehe fort aus deinem Land, aus deiner Verwandtschaft und aus deinem Vaterhaus in das Land, das ich dir zeigen werde!'" (1. Mose 12,1)

Glaube heißt also sich aufzumachen und Neues zu wagen.

Richtig. Und was wichtig ist: Wenn ich mich aufmache und auf ein abenteuerliches Leben einlasse, muss ich so viel wie möglich an scheinbaren Sicherheiten, an denen ich mich anklammere und die mir doch keine Sicherheit bieten können, loslassen. Ich kann meinen Glauben nicht auf Materielles, Prestige, soziale Anerkennung, Titel und dergleichen bauen.

Mancher vertraut lieber auf seine eigenen Fähigkeiten, als dass er sich samt seinen Fähigkeiten in die Hände Gottes legt und sein Leben im Vertrauen auf ihn lebt. Vielleicht nimmt Jesus darauf Bezug, als er sagt:

> Darum sage ich euch: Sorget euch nicht um euer Leben, was ihr essen werdet, noch um euren Leib, was ihr anziehen werdet. Ist nicht das Leben mehr als die Nahrung und der Leib mehr als das Kleid? Schaut auf die Vögel des Himmels: sie säen nicht, sie ernten nicht und sammeln nicht in Scheunen, und euer himmlischer Vater ernährt sie. Seid ihr nicht viel mehr wert als sie? Wer aber von euch vermag mit seinen Sorgen seiner Lebenslänge eine einzige Elle hinzuzufügen? Und was sorget ihr euch wegen der Kleidung? Betrachtet die Lilien des Feldes, wie sie wachsen: sie arbeiten nicht und spinnen nicht. Ich sage euch aber: selbst Salomo in all seiner Pracht war nicht gekleidet wie eine von diesen. Wenn aber Gott das Gras auf dem Feld, das heute steht und morgen in den Ofen geworfen wird, so kleidet, wieviel mehr euch, ihr Kleingläubigen! Sorget euch also nicht und saget nicht: Was werden wir essen? Oder: Was werden wir trinken? Oder: Was werden wir anziehen? Denn nach all dem trachten die Heiden. Euer himmlischer Vater weiß ja, dass ihr das alles braucht. Suchet vielmehr zuerst das Reich Gottes und seine Gerechtigkeit, und all das wird euch dreingegeben werden. Sorget euch also nicht um den morgigen Tag, denn der morgige Tag wird für sich selbst sorgen. Jeder Tag hat genug an seiner eigenen Plage. (Matt. 6, 25-34)

Diese Stelle ermutigt uns, unseren krankhaften Sorgen keinen festen Platz zu geben, sondern unser Leben und unseren Alltag getrost in Gottes Hand zu legen.

Aber ist der Glaube an Gott nicht nur etwas für diejenigen, die in der Welt nicht zurechtkommen oder naiv sind?

Manche Leute argumentieren, dass der Glaube an Gott nur etwas für Leute ist, die ihren Verstand nicht gebrauchen. Sie argumentieren, dass die Wissenschaft bewiesen hat, wie die Welt entstanden ist, und dass man die Bibel nicht wörtlich nehmen kann. So werden Verstand und Glaube gegeneinander ausgespielt. Ich bin allerdings davon überzeugt, dass Glaube und Verstand keine Gegensätze sind. Sie sind wie Bruder und Schwester. Sie können sich gegenseitig ergänzen. Der Glaube braucht den Verstand nicht zu bekämpfen, noch der Verstand den Glauben. Wenn sie beide Hand in Hand unterwegs sind, dann sind sie gut unterwegs. Und am Ende, oder bereits mitten im Leben, werden wir wie der Apostel Paulus sagen können: „Ich weiß, an wen ich glaube." Nämlich an eine Person und nicht an ein Glaubensdogma, das mir vorgeschrieben wurde. Jedes Dogma hat seine Entstehungsschichte. Deshalb ist es legitim, Dogmen zu hinterfragen. Wir dürfen sogar Jesus hinterfragen. Er hält es auch aus, wenn wir mit ihm einen Diskurs führen. Er ist nicht überfordert, wenn wir mit unseren Fragen und Zweifeln vor ihm stehen und ihm sagen, womit wir nicht klarkommen. Unser

Glaube wird reifer und reiner, wenn wir ehrlich zu uns selbst und unserem Gott sind, wenn wir unsere Glaubensschwierigkeiten anschauen und stehen lassen, weil wir zurzeit keine Antwort darauf haben. Das hindert uns nicht, täglich unser Leben in Gottes Hand zu legen und ihn zu bitten, dass er uns führt, dass er uns segnet und dass wir ein Segen für unsere Mitmenschen sein dürfen.

Abschließende Gedanken zum Glauben

Wie kommt es denn dazu, dass Menschen anfangen, dem Glauben in ihrem Leben Raum zu geben?

Glaube hat oft mit Zerbruch zu tun. Manche Menschen sind erst dann fähig, bereit und willig zu glauben, wenn sie in einer Sackgasse gelandet sind und nicht mehr weiterkommen. Sie sind am Ende. Die Ehe steht kurz vor der Scheidung. Sie haben den Arbeitsplatz verloren. Sie werden dem Suchtproblem nicht mehr Herr. Ein Unfall wirft alles durcheinander.

Wir sind doppelt gesegnet, wenn wir mitten in der Blüte unseres Lebens ohne große Katastrophen und Leid gläubige Menschen sind. Eine große Not oder eine Krise können allerdings der Anlass sein, dass wir zum Glauben kommen, entweder indem wir uns auf unseren alten Glauben zurückbesinnen oder indem wir neu anfangen zu glauben. Der Zerbruch, so schlimm er auch empfunden wird, ist gleichzeitig auch eine Chance. Eine Chance für einen neuen Aufbruch, für einen Abbruch von alten Belastungen, um etwas Neues kennen zu lernen.

Aus dem Reichtum des Liederschatzes

Das Text des Liedes „Stern, auf den ich schaue" stammt aus der Feder von Cornelius Friedrich Adolf Krummacher (1824-1884). Krummacher war Theologe und Dichter von vielen Kirchenliedern. Wilhelmina Koch (1845-1924) lernte das Gedicht kennen, als sie ihren Bruder besuchte, der mit Adolf Krummachers Tochter verheiratet war. Sie komponierte dazu die Melodie, die das Lied populär machte. Im Alter von 50 Jahren erblindete Wilhelmina Koch. Sie wurde schließlich an der Seite ihres Mannes beerdigt, auf demselben Friedhof, auf dem sich auch das Grab von Adolf Kummacher befand.

Stern, auf den ich schaue

Stern, auf den ich schaue,
Fels, auf dem ich steh,
Führer, dem ich traue,
Stab, an dem ich geh,
Brot, von dem ich lebe,
Quell, an dem ich ruh,
Ziel, das ich erstrebe,
alles, Herr, bist du.

Ohne dich, wo käme
Kraft und Mut mir her?
Ohne dich, wer nähme
meine Bürde, wer?
Ohne dich, zerstieben
würden mir im Nu
Glauben, Hoffen, Lieben,
alles, Herr, bist du.

Was würde geschehen

Was würde geschehen
wenn alle sagten:
„Was würde geschehen,
wenn wir dem GLAUBEN Raum geben…"

Und (k)einer hebt ab
aus dem Lande des Un- und Aberglaubens
um zu sehen was geschieht
wenn man die Flügel ausbreitet und abhebt
ins Land der Fülle
wo man fliegt.

Ich bin dankbar für das Wunder
das geschah
dem Glauben begegnet zu sein
und täglich als Vertrauender zu leben.

„Es ist aber der Glaube das feste Vertrauen auf das Erhoffte,
ein Überzeugtsein von dem, was man nicht sieht." (Hebräer 11,1)

Denkanstöße zum Glauben

- Habe ich eine positive Grundeinstellung oder Schwierigkeiten mit dem Begriff Glauben?
- Wie kann ich ein gesundes Mittelmaß zwischen Misstrauen und blindem Vertrauen finden?
- Bin ich ein Mensch, dem man vertrauen kann? Wenn ja, warum? Wenn nein, warum nicht?
- Bin ich bereit mich auf das Abenteuer des Glaubens an Gott einzulassen? Was hindert mich daran?

12. Herzlichkeit

Sonnenuntergang über Salzburg

Ein Stück Brot, mit Herzlichkeit geteilt, reicht aus,
um hundert Menschen satt zu machen.
AUS ÄGYPTEN

Nicht die Enge des Hauses solltest du fürchten,
fürchte vielmehr die Enge des Herzens.
AUS VIETNAM

Geben mit wenig Herzlichkeit heißt herzlich wenig geben!
WOLFGANG KREINER

Die Herzlichkeit in Kürze

Herzliche Menschen sind freundlich, gütig und warmherzig. Bei ihnen hat man das Gefühl angenommen zu sein, wie man ist. Sie sind ehrlich im Umgang mit ihren Mitmenschen und weit davon entfernt, andere zu verurteilen. Herzlichkeit ist das Gegenteil von Härte und Kälte. Wo im Zusammenleben die Herzlichkeit fehlt, nehmen Rücksichtslosigkeit, Grausamkeit und Egoismus zu. Oder um es bildlich auszudrücken: Das Gegenteil von Herzlichkeit ist dicke Luft und Eiseskälte.

Durch die Herzlichkeit wächst eine Gemeinschaft zusammen, so wie es in Apostelgeschichte 4,32 heißt: „Die Menge der Gläubiggewordenen war ein Herz und eine Seele." Im Psalm 133,1 heißt es: „Seht, wie ist es lieblich und gut, wenn Brüder beisammen wohnen in Eintracht." In einer anderen Übersetzung heißt es: „Wie wohltuend ist es, wie schön, wenn Brüder, die beieinander wohnen, sich auch gut verstehen!" Dadurch wird ausgedrückt, dass Eintracht einen herzlichen Umgang miteinander einschließt.

Ein Gespräch mit meinem Flügel zum Thema Herzlichkeit

Allgemeine Überlegungen zur Herzlichkeit

Wie erkennt man einen herzlichen Menschen?

Wenn wir herzlich sind, dann haben wir anderen und uns selbst gegenüber eine positive Einstellung, die von unserem Innersten ausgeht.

Wir kennen auch das Gegenteil. Wenn wir von jemanden sagen, dass er kein Herz hat, dann meinen wir, dass dieser Mensch hart wie ein Stein ist. Dass man ihm nicht vertrauen kann und der Umgang mit ihm nicht erbaulich ist. Martin Luther King sagte: „Wir haben gelernt, wie die Vögel zu fliegen, wie die Fische zu schwimmen; doch wir haben die einfache Kunst verlernt, wie Brüder zu leben."[38]

Wie lebt man denn brüderlich mit anderen Menschen? Schön erkennbar ist das am Eltern-Kind-Verhältnis. Die Eltern sollten alles dafür tun, dass ihre Kinder in gesunden Verhältnissen aufwachsen und gedeihen können. Sie sollten sie mit allem umsorgen, ihnen Freiraum für die Entwicklung geben, aber gleichzeitig auch Grenzen setzen, wo Grenzen notwendig sind. Sie sollten klar sein und nicht zweideutige Botschaften senden. Aber vor allem sollten sie nicht herzlos und hart zu ihren Kindern sein.

Welche Rolle spielt die Herzlichkeit in unserer heutigen Gesellschaft?

Herzlichkeit ist heutzutage Mangelware. Es gibt in unserer Gesellschaft viele egozentrische Menschen, Narzissten, Männer und Frauen, für die nur die Karriere und das Geschäft zählt, die Selbstliebe mit Selbstsucht verwechseln. Der Profit ist ihr Gott. Sie vertrauen auf ihre eigene Kraft und ignorieren, dass diese irgendwann zusammenbrechen wird.

Wo ist die Herzlichkeit, die den anderen Menschen als Person sieht, die nicht vollkommen, sondern zerbrechlich ist? Als jemanden, der eigene Wünsche und Bedürfnisse hat und dem man gönnt, dass sein Leben gelingt? Der herzliche Umgang miteinander muss oft ganz neu eingeübt werden.

Die Fliegerei und die Herzlichkeit

Wo ist dir in der Fliegerei mangelnde Herzlichkeit begegnet?

Dazu fallen mir zwei Situationen ein, die wir im Urlaub erlebten. Wir waren in Südeuropa, wo die Menschen für Herzlichkeit und Gastfreundschaft bekannt sind. Leider erlebten wir aber auch das Gegenteil. An einem Ort wollten wir uns erkundigen, wie die örtlichen Flugverhältnisse waren und welche Möglichkeiten es gab zum Startplatz zu kommen. So gingen wir in die lokale Flugschule. Die Atmosphäre dort fühlte sich sehr distanziert an. Man vermittelte uns das Gefühl, dass wir mit unseren Fragen nicht willkommen waren, weil damit kein Profit zu machen war.

In einem anderen Fluggebiet wurde uns empfohlen, uns bei einer erfahrenen Pilotin zu erkundigen, was wir über Start- und Landeplatz und Flugverhältnisse wissen sollten. Sie wollte sich aber nicht mit uns unterhalten und ließ uns mehr oder weniger stehen. Nachdem sie nicht bereit war, ihr Wissen und ihre Erfahrung mit uns zu teilen, ließen wir das Fliegen dort schlussendlich bleiben.

Hast du auch positive Erfahrungen mit der Herzlichkeit in der Paragleitszene gemacht?

Auf alle Fälle. Ich erlebe immer wieder herzliche Piloten, die anderen das Gefühl vermitteln, willkommen und angenommen zu sein. Ganz am Anfang meiner Fliegerei wurden wir von einem Fluglehrer in der Schweiz eingeladen, ihn für ein paar Tage zu besuchen. Er machte in seiner Wohnung Platz für uns, wir gingen zusammen einkaufen und er kochte für uns. Natürlich nahm er uns auch mit auf den Übungshang. Was mich besonders beeindruckte, war, dass er bereit war, uns an seinem Leben Anteil nehmen zu lassen und ehrliches Interesse an uns zeigte. Als ich mich spontan entschied, bei ihm die Flugausbildung weiterzumachen, lud er mich ein, auch noch diese

Woche bei ihm zu wohnen. So durfte ich von seiner Expertise als Fluglehrer und seiner Gastfreundschaft viel lernen.

Wie wichtig Herzlichkeit ist, wurde mir auch bewusst, als meine Tochter uns schrieb, dass sie schon 190 Flüge hatte. Zuerst wussten wir nicht, ob wir eifersüchtig waren oder es ihr gönnten. Da war die Herzlichkeit gefragt, die dem anderen den Erfolg gönnt, obwohl man selbst auch dorthin kommen möchte. Wir brauchen einen positiven Neid, der zwar sagt: „So viel möchte ich auch schon haben", aber gleichzeitig dem anderen gönnt, was er schon hat. Der einmal kurz stehen bleibt und das Ziel anvisiert und dann zur Dankbarkeit und Zufriedenheit zurückkehrt und mit Aufwind da weitermacht, wo man ist.

Gott und die Herzlichkeit

Was sagt die Bibel über Herzlichkeit?

Herzlichkeit hat mit dem Herzen zu tun. In der Bibel heißt es in den Sprüchen: „Mit der größten Vorsicht hüte dein Herz; von ihm geht ja das Leben aus!" (Sprüche 4,23) Hier geht es nicht um das Organ, das Blut durch unseren Köper pumpt und uns so am Leben hält. Bildlich gesprochen steht das Herz für unser ganzes Innenleben, für die Gesamtheit von Verstand, Wille und Gefühl.

Paulus weist uns darauf hin, wie wichtig es ist, herzlich mit unseren Mitmenschen umzugehen. Er schreibt an die Kolosser: „Legt also an als Auserwählte Gottes, als Heilige und Geliebte, herzliches Erbarmen, Güte, Demut, Sanftmut und Geduld." (Kolosser 3,12)

Jesus ist das große Vorbild, wenn es um Herzlichkeit geht. Von ihm heißt es: „Als er aber die Volksscharen sah, wurde er von Mitleid mit ihnen ergriffen." (Matthäus 9,36). Wo hier Mitleid steht, wird im Griechischen der gleiche Begriff gebraucht, der in der oben erwähnten Stelle mit „herzlichem Erbarmen" übersetzt ist. Hinter diesem Begriff steckt das Bild, von etwas so tief ergriffen zu sein, dass es einem die Eingeweide umdreht. Heute würden wir sagen, dass es einem das Herz bricht oder das Herz zerreißt.

Paulus und Jesus zeigen uns, dass Herzlichkeit ein Mittelweg aus Milde und Strenge ist. Sie schafften es, je nachdem was in der jeweiligen Situation angebracht war, in ihrer Herzlichkeit entweder mild oder streng zu sein. So fragt Paulus in 1. Korinther 4,21: „Was wollt ihr? Soll ich mit dem Stock zu euch kommen, oder in Liebe und im Geist der Milde?" Auch bei Jesus finden wir diese Ausgewogenheit. Er begegnet Menschen mit Milde oder Strenge, je nachdem, was gerade nötig ist. Der Ehebrecherin gegenüber, die von anderen verurteilt wird, zeigt er freundliche Milde (vergleiche Johannes 8,1-11). Die Pharisäer und Schriftgelehrten, die auf ihr strenges Frommsein stolz sind, in dem Mitleid für andere keinen Platz hat, weist er hingegen streng zurecht. (vergleiche Matthäus 23).

Was sagt die Bibel über die Herzlichkeit in der Eltern-Kind-Beziehung?

Die Bibel spricht auch davon, dass die Herzlichkeit in zwischenmenschlichen Beziehungen oft zu kurz kommt. In Lukas 1,17 wird eine Verheißung aus dem Alten Testament zitiert, wo es heißt, dass Johannes der Täufer die Herzen der Väter zu den Kindern wenden werde. Als ich diesen Vers wieder einmal las, wurde ich stutzig, denn ich war bis dahin davon ausgegangen, dass die Eltern in allem recht haben und sich höchstens die Kinder wieder den Eltern zuwenden müssen. Hier ist es umgekehrt. Wenn ich darüber nachdenke, wie ich meine Kinder erzogen habe, muss ich zugeben, dass ich nicht immer recht hatte. Ich war manchmal ungerecht, zu hart, verletzend. Ich bin über sie drübergefahren. Ich erinnere mich zum Beispiel daran, wie streng ich darauf bestand, dass sie alles aufessen mussten, was auf ihrem Teller war, bevor sie vom Tisch aufstehen durften. Damit war ich im Unrecht, obwohl ich damals nicht anders konnte. Ich wusste es nicht besser. Aber wenn wir zu dem Punkt kommen, wo wir unsere eigenen Fehler und unsere Herzlosigkeit sehen, dann bricht uns kein Zacken aus der Krone, wenn wir das unseren Kindern gegenüber bekennen und sie um Verzeihung bitten. Wir können ihnen sagen, dass wir damals zwar nicht wussten, wie wir anders hätten handeln können, dass es aber aus heutiger Sicht nicht richtig war, wie wir sie behandelt haben. Wir können ihnen wünschen, dass sie es mit ihren Kindern besser machen dürfen. Wie froh bin ich, wenn ich sehe, wie meine Kinder mit ihren Kindern umgehen, und sie nicht mehr dieselbe herzlose Strenge anwenden.

Abschließende Gedanken zum Thema Herzlichkeit

Was bringt uns die Herzlichkeit?

Der Bergsteiger Sir Edmund Hillary hatte mit seinem Sherpa-Freund Tenzing ein wahrlich herzliches Verhältnis. Sie gingen mit- und füreinander durch dick und dünn. Ohne Tenzing hätte Hillary nie den höchsten Berg der Welt erklommen. Als Dank dafür, und weil Hillary ein herzlicher Mensch war, setzte er sich dafür ein, dass in der Umgebung des Mount Everest Sherpa-Schulen gegründet wurden. Und mit viel Enthusiasmus und Begeisterung half er sein ganzes Leben lang den Leuten in dieser Gegend, wo er konnte.

Herzlichkeit ist wichtig, damit wir ein gesundes Leben führen können. Und zwar nicht nur körperlich, sondern auch seelisch. Wir brauchen Herzlichkeit, wenn wir soziale Kompetenz und emotionale Intelligenz erlangen wollen, um mit uns und anderen gut zu leben. Es reicht nicht, wenn ich den anderen nur deshalb brauche, damit ich gut leben kann. Es muss ein gesundes Geben und Nehmen sein mit Respekt vor dem anderen und dem Bewusstsein, dass nicht nur meine eigenen, sondern auch die Interessen des anderen wichtig sind. Dann trifft folgendes Zitat von Paula Modersohn-Becker zu: „Das Herz lachte und die Seele hatte Flügel."[39]

Aus dem Reichtum des Liederschatzes

Nikolaus Ludwig Graf von Zinzendorf (1700-1760) schrieb im Jahr 1725 das Lied „Herz und Herz vereint zusammen." Obwohl er als Reichsgraf zum höchsten europäischen Adel zählte, wusste er, dass er als Christ und Bruder nicht auf andere Menschen, die einen niedrigeren sozialen Rang hatten, herabblicken durfte, sondern dass vor Gott alle Menschen gleich sind. Zinzendorf wollte Standesunterschiede und Konfessionsunterschiede überwinden. Ebenso setzte er sich für eine Gleichstellung von Mann und Frau ein. Sein Rollenverständnis, das besagte, dass Mann und Frau vor Gott gleichwertig sind, war für die damalige Gesellschaft revolutionär. Er beschrieb seine Ehe gerne als „Streiterehe", weil er und seine Frau gemeinsam für Veränderungen kämpften. Es war eine Partnerschaft, bei der nicht in erster Linie das Eheglück im Vordergrund stand, sondern der gemeinsame Einsatz für das Reich Gottes und die Sache Christi.

Im Wohnzimmer des jungen Grafen fanden Zusammenkünfte mit bis zu mehr als 50 Personen statt. Es wurde gesungen und Hausandachten abgehalten, bei denen über die Bedeutung von Bibelabschnitten geredet wurde. Obwohl die Versammlungen (Conventikel) von der Kirche verboten wurden, konnte man sie dennoch nicht verhindern. Sie wurden einfach zu „Soiréen" umtituliert – gesellschaftliche Veranstaltungen, bei denen gemeinsam gegessen und getrunken wurde und nebenbei Bibelabschnitte besprochen wurden.

Aus diesen Zusammenkünften entstand die Gemeinschaft zu Herrenhut. Eines der Merkmale dieser Gemeinschaft war die Aufnahme von verfolgten Christen. Daraus entstand eine kleine Siedlung mit Christen aus verschiedenen Konfessionen. Heute hat die Herrenhuter Brüdergemeinde weltweit über eine Million Mitglieder.

Herz und Herz vereint zusammen

Herz und Herz vereint zusammen
sucht in Gottes Herzen Ruh'!
Lasset eure Liebesflammen lodern
auf den Heiland zu!
Er das Haupt, wir Seine Glieder,
Er das Licht und wir der Schein;
Er der Meister, wir die Brüder,
Er ist unser, wir sind Sein.

Lass uns so vereinigt werden,
wie Du mit dem Vater bist,
bis schon hier auf dieser Erde
kein getrenntes Glied mehr ist.
Und allein von Deinem Brennen
nehme unser Licht den Schein;
also wird die Welt erkennen,
dass wir Deine Jünger seien.

Was würde geschehen

Was würde geschehen
wenn alle sagten:
„Was würde geschehen,
wenn wir HERZLICHKEIT ausstrahlen…"

Und (k)einer hebt ab
aus dem Lande der Kälte und der versteinerten Herzen
um zu sehen was geschieht
wenn man die Flügel ausbreitet und abhebt
ins Land der Fülle
wo man fliegt.

Ich bin dankbar für das Wunder
das geschah
der Herzlichkeit begegnet zu sein
und mich täglich zum Gutem verändern zu lassen.

„Seid vielmehr gegeneinander gütig und barmherzig." (Eph. 4,23)

Denkanstöße zur Herzlichkeit

- Wie habe ich in der Vergangenheit Herzlichkeit erlebt? Welche herzlichen Leute habe ich kennengelernt?
- Was habe ich von herzlichen Leuten, denen ich begegnet bin, gelernt?
- Sind mir meine Eltern ein Vorbild in Bezug auf Herzlichkeit oder hätte ich mir mehr Herzlichkeit von ihnen gewünscht? Haben sich meine Eltern im Laufe ihres Lebens positiv verändert?
- Gelingt es mir die Ausgewogenheit zwischen Milde und Strenge zu leben?

Mut zum Abheben

Der Titel dieses Buches lautet „Mut zum Abheben“. Warum findest du, dass es zum Abheben Mut braucht?

Um abzuheben muss ich gewillt sein, mich von der Erde zu lösen. Ich brauche die Bereitschaft zur Veränderung und das erfordert Mut. Denn manchmal wollen wir genau das Gegenteil. Statt uns zu verändern, können wir darauf beharren, dass wir alles weiterhin so wie bisher machen wollen und wiegen uns damit in Sicherheit. Und dann schauen wir weg, wenn Schwierigkeiten kommen, statt die Probleme anzuschauen und anzupacken. Oder um es bildlich auszudrücken: Wir denken, wir wählen einen neuen Weg, trampeln aber auf alten Pfaden.

Oder man hält an althergebrachten Rezepten fest. Nach diesen Rezepten wurde schon immer gekocht und gebacken und wir wissen, dass sie funktionieren. Warum also etwas Neues ausprobieren?

Genau. Aber warum nicht aus dem Bauch heraus ein neues Rezept probieren? Veränderung braucht Mut und das Resultat könnte uns positiv überraschen. Zum Beispiel könnte ich heute einmal nicht ein Besserwisser sein und meine Kinder belehren, sondern mich auf sie einlassen und nachdenken, ob ihr Verhalten mich herausfordert, Neues auszuprobieren. Ein Chef könnte auf den Vorschlag seiner Mitarbeiter eingehen und Veränderungen zulassen.

In unserer Umgebung werden oft Urlauber, die seit 20 oder 30 Jahren im selben Ort oder sogar im selben Haus Urlaub machen, geehrt. Ich finde es ist keine Ehre, wenn man keinen Mut zur Veränderung hat und immer dasselbe macht. In der Bibel heißt es: „Mache dich auf!“ Um sich aufzumachen, muss man allerdings einiges hinter sich lassen. Das Wort „lassen“ begegnet uns in allen möglichen Variationen. Wenn wir loslassen, lassen wir etwas aus. Wir verlassen etwas. Wir lassen etwas zurück. Wir belassen es, wir lassen es hinter uns. Es darf herausgelassen werden. Wir unterlassen es. Wir sind dann gelassen. Wir lassen nach. Wir üben das Freilassen. Hinter all dem steht: Wir lassen Festgefahrenes, das wir lange Zeit nicht losgelassen haben. Wir geben es frei und das ist die Chance für eine Veränderung. Wie viele Probleme, wie viele Schwierigkeiten entstehen in Beziehungen, weil wir nicht loslassen. In meinem Theologiestudium begeisterte mich ein Buch mit dem Titel *Brüder lasst los*. Die Hauptaussage des Buches ist, dass wir die Menschen in der Seelsorge nicht zwingen können, unsere vermeintlich unfehlbare Meinung anzunehmen. Wir stehen ihnen beiseite. Wir geben ihnen Rat. Wir bieten ihnen Hilfe an. Aber letzten Endes müssen wir unseren Mitmenschen loslassen und ihn seine Probleme selber lösen lassen. Dieses Prinzip können wir auf alle Bereiche unseres Lebens anwenden. Wir können auch unseren Ehepartner nicht ständig kontrollieren. Wir können für unsere Kinder nicht permanent Wachposten aufstellen, weil wir Angst haben, es könnte ihnen etwas passieren. Wir müssen sie loslassen. Probleme, die uns erdrücken, die uns die Luft zum Atmen nehmen und uns fast ersticken, müssen wir lernen loszulassen. Ein geiziger Mensch, der an seinem Geld und an seinem Sparbuch hängt, wird keine Chance haben frei zu werden, wenn er nicht darin auch Möglichkeiten sieht, Gutes zu tun.

Es gibt ein Gedicht von Khalil Gibran zu diesem Thema, das mir gut gefällt:

Du stutzt deine Flügel

Gott hat deinem Geist Flügel verliehen,
mit denen du aufsteigen kannst
ins weite Firmament der Liebe und der Freiheit.

Und du jammervolles Geschöpf
stutzt diese Flügel mit eigener Hand
und lässt zu, dass deine Seele
wie ein Insekt am Boden dahinkriecht.[40]

Zum Thema „Loslassen" fällt mir auch noch die Geschichte von deinem Bekannten ein, dem du eine Menge Bücher geschenkt hast, und der dich dann später für ein Buch bezahlen ließ.

Das ist ein gutes Beispiel dafür, wie wichtig und dennoch schwierig es sein kann loszulassen. Vor Jahren lernte ich jemanden kennen, der, als er in Pension ging, einen Laden mit gebrauchten Büchern eröffnen wollte. Ich bot ihm an, dass er sich aus meinem Lager so viele Bücher holen konnte, wie er wollte. Jahre später ging ich in seinen Laden und fand dort ein Buch, das ein Kunde von mir suchte. Als ich ihn fragte, wie viel er für das Buch haben wollte, nannte er einen viel zu hohen Preis, den ich – völlig verblüfft – sogar bezahlte. Ich hatte erwartet, dass er mir als Erwiderung für den großen Gefallen, den ich ihm getan hatte, dieses Buch schenken würde. Ich ging also enttäuscht aus dem Laden weg. Enttäuscht über ihn und seine mangelnde Dankbarkeit und enttäuscht über mich selbst, weil ich es nicht geschafft hatte, meine Gefühle gleich an Ort und Stelle auszudrücken. Aber gleichzeitig wusste ich auch, dass es notwendig sein würde, dieses Erlebnis loszulassen, obwohl es leichter sein würde, an meinem Groll festzuhalten.

Mut zum Abheben bedeutet für mich eben auch den Mut, Dinge, von denen man enttäuscht ist, kurz anzuschauen, Revue passieren zu lassen und dann aber weiterzugehen. Neu zu starten. Neu abzuheben. Sich neu in die Lüfte zu erheben. Und nach dem erfüllten Leben Ausschau zu halten. Sich nicht festbeißen an unwichtigen Dingen und Erlebnissen. Nicht an dem festhalten, was das Leben schwer macht. Sondern danach zu streben, dass ich jeden

Abend sagen kann: „Ich habe gut gelebt. Einiges werde ich morgen besser machen, aber ich habe heute reifer gelebt als gestern."

Die australische Hospizkrankenschwester Bronnie Ware hat ein Buch mit dem Titel *Fünf Dinge, die Sterbende am meisten bereuen* herausgegeben. Diese fünf Dinge sind:

- Reue, sich zu wenig um seine Freunde gekümmert zu haben.
- Reue, zu viel gearbeitet zu haben.
- Reue, nicht die Person gewesen zu sein, die man eigentlich ist.
- Reue, seine Gefühle nicht authentisch ausgedrückt zu haben.
- Reue, sich nicht genug um sein Glück gekümmert zu haben.[41]

Interessanterweise geht es bei allen fünf Dingen um Beziehungen und nicht um Materielles. Wir müssen aber nicht warten, bis wir auf dem Sterbebett auf unser Leben zurückblicken und dann wehmütig bekennen: „Ich habe so manches Wichtige verpasst." Wir können heute den Mut aufbringen, unser Leben so zu gestalten, dass wir am Abend nichts zu bereuen haben.

Welches Beispiel aus der Heiligen Schrift fällt dir zu diesem Thema ein?

Jesus spricht in seinem Gleichnis über den Sämann davon, dass manche der ausgestreuten Samen in die Dornen fallen. Als seine Jünger ihn nach einer Erklärung des Gleichnisses fragen, sagt er, dass damit derjenige gemeint ist, der seine Botschaft zwar hört und aufnimmt, bei dem sie aber in der Folge von weltlichen Sorgen und dem Trug des Reichtums erstickt wird und keine Frucht bringt (vergleiche Matthäus 13,1-23).

Um unsere Sorgen oder unseren Reichtum loslassen zu können, müssen wir allerdings eine Alternative haben. Von dieser Alternative spricht Jesus dann ein bisschen später im gleichen Kapitel. Er sagt dort: „Das Himmelreich ist gleich einem im Acker verborgenen Schatz. Den fand einer und deckte ihn wieder zu. Und freudig geht er hin, verkauft alles, was er hat, und kauft jenen Acker. Wiederum ist das Himmelreich gleich einem Kaufmann, der schöne Perlen suchte. Als er aber eine kostbare Perle fand, ging er hin, verkaufte alles, was er besaß, und kaufte sie." (Matthäus 13,44-46) Jesus will uns klarmachen, dass das Himmelreich, das Leben nach seinen Maßstäben, so unendlich viel besser ist, als das, an dem wir meinen, festhalten zu müssen.

Was sind denn das für Dinge, die wir meinen festhalten zu müssen?

Es gäbe viele gesunde Alternativen für ein erfülltes Leben, aber oft suchen wir unsere Sicherheit in Dingen, die nicht halten, was sie versprechen. Wenn wir einen angesehenen Beruf, ein nach außen hin intaktes Ehe- und Familienleben, ein soziales Image, gesellschaftliche Anerkennung oder eine erfolgreiche Karriere haben, kann uns das ein Gefühl von Sicherheit geben.

Ein starres Leben mit Scheuklappen und ohne Veränderungen kann sich sicher anfühlen. Aber versäumen wir nicht viel, wenn wir am Althergebrachten festhalten? Hab Mut zur Veränderung! Lass mal los! Wer fliegen will, muss lernen, dass er nicht alles mitnehmen kann. Ich war erstaunt über mich selbst, als mich eine Fluglehrerin nach etlichen meiner ersten Höhenflüge, bei denen ich ohne Anleitung erfolgreich alleine gestartet war, darauf aufmerksam machte, dass ich die Leinen viel zu spät losließ. Ich muss zulassen, dass mein Flügel mich trägt.

Möchten Sie einen Neuanfang? Möchten Sie einen neuen Start? Sie müssen deswegen nicht unbedingt mit dem Paragleiten anfangen. Aber wenn wir bereit sind, ein neues Hobby auszuprobieren, kann das ein Hinweis darauf sein, dass wir uns in unserem Leben Veränderung wünschen. Als ich in der Schweiz am Übungshang meine ersten tiefgreifenden Erfahrungen mit dem Paragleiten machte, sagte mein Fluglehrer zu mir: „Deine Frau wird einen ganz neuen Mann bekommen, wenn du nach dieser Woche heimkommst." Das stimmt, aber nur zum Teil. In meinem Leben gab es schon immer Höhen und Tiefen, Veränderungen und Neuanfänge, Neustarts und Bruchlandungen, Höhenflüge und turbulente Strecken. Meine Frau bekam tatsächlich einen neuen Mann, aber nicht einen völlig neuen Mann. Ich war wieder ein Stück gereift und verändert worden. Aber ich habe mich im Laufe meines Lebens ständig weiterentwickelt, nicht erst seitdem ich mit dem Fliegen begonnen hatte. Ich habe immer wieder Veränderungen erlebt und sie dankbar hin- und mitgenommen. So wie ich mich auch nach der Woche in der Schweiz, um neue Erfahrungen reicher, auf den Weg nach Hause machte.

Was ist mit Menschen, die sagen: „Ich würde mich gerne verändern, aber ich kann ja nicht aus meiner Haut!"?

Das stimmt nur zum Teil, denn wir Menschen haben immer wieder die Möglichkeit uns zu ändern. Bei manchen Menschen, die dieses Argument verwenden, habe ich den Eindruck, dass sie sich gar nicht verändern wollen. Derjenige, der einen gesunden Glauben entwickelt, wird die Erfahrung machen, dass sich bei ihm ein neues Leben entfaltet. Paulus drückt das so aus: „Also: wenn einer in Christus ist, so ist er ein neues Geschöpf. Das Alte ist vergangen; siehe, Neues ist geworden." (2. Korinther 5,17)

Du sagst also, dass das Fliegen dich auch in deinem Charakter zum Positiven verändert hat. Würdest du sagen, dass das bei allen Menschen zutrifft, die mit dem Paragleiten anfangen?

Nein, ich glaube nicht, dass diese Veränderung automatisch passiert. Manche Flieger werden ihren alten Charakter behalten. Sie werden sich gar nicht verändern. Wozu auch? Denn für sie ist der Sport dazu da, ihnen einen Kick zu verschaffen. Sie bleiben genauso wie vorher oder es werden

Eigenschaften, die sie schon hatten, verstärkt. Ein Chaot bleibt chaotisch. Ein ehrgeiziger Mensch wird durch das Fliegen noch ehrgeiziger. Manche suchen in ihrem neuen Hobby, dem Paragleiten, den Sinn ihres Lebens und fliegen damit letzten Endes dem Leben davon.

Andere werden sich aber durch das Fliegen innerlich zum Positiven verändern, indem eine Charakterentwicklung, die schon vorher begonnen hatte, verstärkt wird, so dass in ihrem Lebenshaus kein Stein auf dem anderen bleibt. Für sie besteht die Chance auf ein neues Leben. Mit dem Fliegen zu beginnen ist keine Garantie dafür, dass jemand ein neuer Mensch wird. Aber es ist eine gute Voraussetzung dafür und ein Hinweis darauf, dass wir offen für Neues sind.

Dazu passt auch die Karte, die dir deine Frau geschenkt hat.

In meiner akuten Burnout-Phase gab es viele Tage, an denen mir alles schwer und finster erschien. Deshalb schenkte mir meine Frau eine Karte, auf der zu lesen ist:

Neuland

Und eines Tages spürst du genügend Kraft, Mut und Zuversicht, um dich von den Fesseln des Zögerns und der Angst zu befreien und zu neuen Ufern aufzubrechen.

Jochen Mariss

Mit dem Paragleiten anzufangen war für mich ein Neubeginn, der viele Veränderungen brachte. Nachdem ich mit dem Fliegen begonnen hatte, habe ich meiner Frau diese Karte vorgelesen und ihr erklärt, wie viel mir dieser Spruch bedeutet. Daraufhin schenkte sie mir zu Weihnachten drei Jacken, in die sie folgenden Spruch hineindrucken ließ: „Abheben mit Kraft, Mut und Zuversicht. In Liebe, deine Gabi." Das hat mich gefreut und ermutigt. Sie hatte miterlebt, dass ich am Anfang meiner Fliegerkarriere oft deprimiert, erschöpft und ängstlich vom Übungshang zurückgekommen bin. Ich hatte Schwierigkeiten damit, meine Angst zu überwinden, und meine Frau hatte die heimliche Hoffnung, dass ich das mit dem Paragleiten wieder sein lassen würde. Als das dann aber nicht eintrat und ich immer öfter mutig und zuversichtlich abheben konnte, stand sie weiterhin ermutigend hinter mir. Deswegen bedeutet mir dieser Spruch so viel: Abheben mit Kraft, Mut und Zuversicht.

Lass dir nicht die Flügel stutzen

Flügel sind für dich ein Symbol für ein Leben, das zur Entfaltung kommt.

Ich habe vor einiger Zeit ein Lesezeichen für mein Antiquariat entworfen. Darauf nehme ich auf die Flügel im übertragenen Sinn Bezug. Es gibt im Leben immer wieder Leute, die uns gegen unseren Willen die Flügel stutzen.

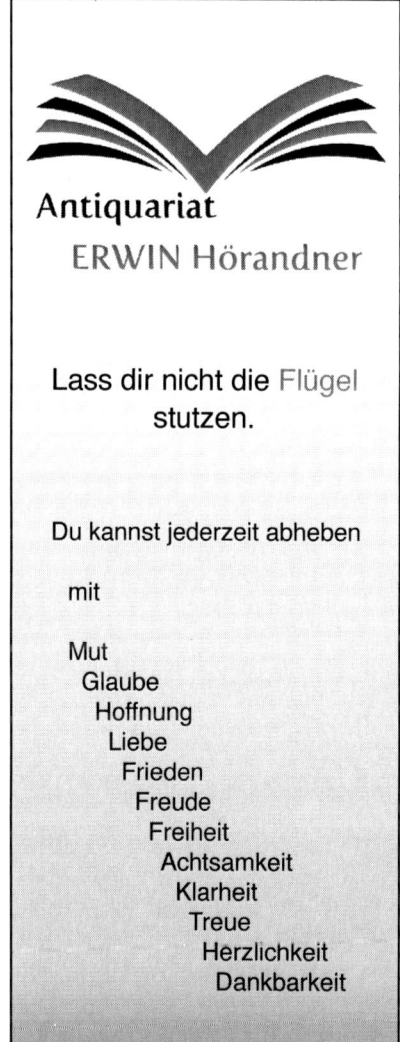

Aber das Schöne ist, dass egal, wie oft man uns die Flügel kürzt, sie uns immer wieder aus tiefstem Herzen nachwachsen. Und sie werden mit jedem Mal widerstandsfähiger.

Auf der Vorderseite des Lesezeichens heißt es: „Lass dir nicht die Flügel stutzen." Und doch geht kein Mensch über die Erde, dem nicht die Flügel auf die eine oder andere Weise gestutzt worden sind. Jeder ist dadurch in der Entfaltung seines Potentials mehr oder weniger gehindert oder eingeschränkt worden.

Im Gegensatz dazu hat Friedrich von Bodelschwingh gesagt: „Es geht kein Mensch über die Erde, den Gott nicht liebt." Unsere Erfahrung scheint uns zu zeigen, dass es viele Menschen gibt, die von Gott nicht gesegnet sind und mit denen es das Schicksal nicht gut meint. Ihr Leben verkümmert und gelingt nicht. Bodelschwingh löst diese Spannung auf, indem er sich speziell um Menschen, die in der Gesellschaft keinen Wert hatten – Behinderte, Trunkenbolde, Landstreicher, Taugenichtse usw. – kümmerte und ihnen die Liebe Gottes durch seine Liebe erfahrbar machte. Für Bodelschwingh zählte der Mensch. Er war wertvoll, egal was seine Herkunft war und was er bis jetzt aus seinem Leben gemacht hatte. Gerade die Menschen, die niemand haben wollte, fanden bei ihm die Würde wieder. Sie waren es ihm wert, dass sie aufgenommen wurden und einen Platz in seiner Gemeinschaft fanden.

Wer stutzt uns denn nun die Flügel?

Kaum ist ein kleiner Erdenbürger auf dieser Welt, wird schon von allen Seiten versucht, aus ihm einen gefügigen Menschen zu machen. Zunächst einmal können es ein oder beide Elternteile sein, die uns die Flügel stutzen. Sie machen es nicht mit böser Absicht. Oft beugen sich Eltern einem Druck von außen, der sagt, dass sie ihren kleinen Sprössling nicht zu sehr verwöhnen dürfen, weil er ihnen sonst über den Kopf wächst. Dass ein Kind im Laufe der Zeit lernt, zu bestimmten Zeiten zu essen, schlafen zu gehen und sich an gewisse Ordnungen zu halten, ist nicht negativ, aber wenn aufgrund der Regeln die Bedürfnisse des Kindes zu kurz kommen, dann wird die Entwicklung gehemmt und seine Flügel werden gestutzt.

Unser Gerechtigkeitsverständnis suggeriert uns, dass alle Kinder gleich behandelt werden müssen, obwohl jeder von seinem Charakter und seiner Persönlichkeit her verschieden ist. Wenn nun alle Kinder einer Familie gleich behandelt werden, kann man nicht allen gerecht werden und stutzt dadurch, dem einen mehr und dem anderen weniger, die Flügel. Obwohl sie die besten Absichten haben, legen Eltern oft schon den Grundstein für das Gefühl, dass unsere Freiheit eingeschränkt und unsere Flügel gestutzt wurden.

Es können auch die Geschwister sein, die sich gegenseitig die Flügel stutzen. Eine Geschwisterrivalität kann dazu führen, dass die Älteren das Gefühl haben, die Jüngeren in Schach halten zu müssen. Sie passen auf, dass ihre jüngeren Geschwister nicht hochmütig werden, ihre Flügel aufspannen und davonfliegen.

Auch unsere Verwandten, Nachbarn und Freunde können das Ihre dazu beitragen, dass unsere Flügel gestutzt werden. Deshalb ist es gut, wenn wir neben den Menschen, die uns einschränken, auch solche Leute kennenlernen, die uns lieben so wie wir sind und uns ermutigen, unser Leben zu leben. Dies können Oma und Opa sein, die aus ihrer eigenen Lebenserfahrung gelernt haben, nun mit einer großen Freiheit in die Zukunft blicken und uns gestatten und ermutigen, eigene Wege zu gehen. Oder andere Menschen, die uns ermutigen und zutrauen, die Herausforderung zu meistern.

Dann ist da auch noch die Gesellschaft, in der wir leben. Wir gehen in den Kindergarten und in die Schule. Danach ergreifen wir einen Beruf oder fangen an zu studieren. Dazwischen landen wir eventuell beim Militär oder machen den Zivildienst. Auch diese Institutionen und die Menschen, denen wir dort begegnen, können entweder hilfreich sein oder versuchen unsere Flügel zu stutzen.

Eine andere Institution, die auch ihren Teil dazu beitragen kann, dass wir die Freiheit nicht kennenlernen, ist die Kirche oder die Religion, mit der wir aufwachsen. Wir können dort erleben, dass wir uns an gewisse Regeln und Ordnungen halten müssen, um akzeptiert zu werden.

Auf der Rückseite des Lesezeichens heißt es: „Es gab in meinem Leben Menschen, die meinten, mir die Flügel stutzen zu müssen." Auch in meinem Leben gab es Geschwister, Verwandte, Bekannte und Institutionen, die meinten, mir die Flügel stutzen zu müssen. So drohten mir zum Beispiel Lehrer immer wieder: „Wenn du nicht bessere Leistungen bringst, bleibst du sitzen." Aber trotz dieser Erfahrungen sind mir meine Flügel dennoch wieder gewachsen.

Eine Bekannte erzählte mir, wie sie das Flügelstutzen erfahren hat. Sie durfte als Kind immer wieder mit ihrer Schwester an die Ostsee fahren, weil die Seeluft gut für ihre Lunge war. Im Kinderheim galten allerdings strenge Regeln. Diese Bekannte mochte Rosinen nicht und so pickte ihr die Schwester, wenn Rosinen im Essen waren, diese heraus. Ab und zu passierte es, dass Rosinen auf dem Boden landeten, und wenn die Erzieherinnen das bemerkten, durften die Kinder zur Strafe den ganzen Tag nicht an die frische Luft hinaus, sondern mussten im Bett bleiben. Durch diese Art von Flügelstutzen versuchte man ihnen beizubringen, sich an die Regeln zu halten.

Und warum stutzen uns Menschen die Flügel? Du hast ja schon erwähnt, dass meistens keine böse Absicht dahintersteckt.

Den meisten Menschen sind selbst in ihrer Kindheit und Jugend die Flügel gestutzt worden. Das innerliche Fliegen ist ihnen verleidet worden und deshalb meinen sie nun auch anderen helfen zu müssen, am Boden der Realität zu bleiben. Schließlich will man nicht, dass jemand zu hoch hinausfliegt und dann abstürzt, weil er sich selbst überschätzt hat. Es ist schwer, anderen das Fliegen zu gönnen, wenn man selbst nur am Boden klebt. Das ist uns meistens aber nicht bewusst. Unsere Absicht ist nur, andere zu erziehen, damit sie zu einem guten Menschen werden.

Ein Beispiel für ein Unternehmen, das seinen Mitarbeitern kräftig die Flügel stutzte, ist die Schuhfabrik Bata. Bata hat sich in den letzten 125 Jahren von einer „Ein-Mann-Schuhmacherei" zu einer riesigen internationalen Firma entwickelt, da sie schon von Anfang an auf Innovation setzte. In den 1920er Jahren wurde die Bata Arbeitsschule gegründet. Jungen und Mädchen wurden in kasernenartigen Schulen ausgebildet und ihre Persönlichkeiten nach den Bataschen Prinzipien geformt: Leistungswillen, Disziplin und Begeisterung für die Batasche Ideologie. Wer nicht hineinpasste, wurde entlassen. Es gab nur die Möglichkeit sich die Flügel stutzen zu lassen oder aus der Firma zu fliegen. Aus heutiger Sicht kann man sagen, dass die Firma im damaligen Zeitgeist gefangen war. Es ist positiv, dass die Firma nicht bei diesem Menschenbild blieb, sondern sich weiterentwickelte.

Zwei Beispiele aus der Bibel verdeutlichen ebenfalls, wie weit das Flügel stutzen gehen kann. König Saul sah David als seinen Konkurrenten, der ihn bald an Popularität überflügeln würde. Neid und Eifersucht trieben ihn so weit, dass er mit aller Macht versuchte, David zu töten. Auch bei Kain und Abel spielten die Rivalität, die Missgunst, die Eifersucht und der Neid eine große Rolle. Sie führten so weit, dass Kain im Affekt seinen Bruder tötete.

Es wäre für uns alle eine große Hilfe, wenn wir erkennen würden, warum wir anderen immer wieder die Flügel stutzen. Nur wenn wir die Wurzeln unserer Handlungen erkennen und davon befreit werden, können wir andere so annehmen wie sie sind und sie ermutigen ihre wieder nachwachsenden Flügel zu nutzen.

Bei einer Henne oder einem Vogel reicht eine Schere, um die Flügel zu stutzen. Welche Methoden und Techniken des Flügelstutzens wenden wir im Umgang mit anderen Menschen an?

Eine Technik, die oft angewendet wird, ist Liebesentzug. Wenn du nicht so bist, wie ich glaube, dass du sein sollst, dann werde ich nichts mehr mit dir reden, dir nicht in die Augen sehen, dich links liegenlassen. Das tut zwar körperlich nicht weh, verletzt aber im Innersten der Seele. Das gleiche trifft zu, wenn Kindern ein schlechtes Gewissen gemacht wird, weil sie zum Beispiel die Firma der Eltern nicht übernehmen, sondern ihre eigenen Wege gehen wollen.

Eine andere Art des Flügelstutzens ist Druck. Umgangssprachlich heißt es dann: „Ich werde dir schon die Schrauben ansetzen." Wenn wir auf jemanden Druck ausüben, sodass er keine Luft mehr hat seinen eigenen Ideen zu folgen, ist das auch eine Methode des Flügelstutzens. Anderen Gebote aufzuerlegen, die bei genauerem Hinsehen keinen Sinn ergeben, ebenso. Jemanden verbal zu entmutigen. Jemanden lächerlich zu machen. Ständige Kontrolle. Das alles sind Methoden, die wir anwenden, um andere klein zu machen, einzugrenzen und am Abheben zu hindern.

Diejenigen, die an den Machthebeln zu sitzen scheinen, tun sich leicht damit, andere durch ihre Kommunikation einzuschüchtern und am Abheben zu hindern. Mit Phrasen wie „so nimm doch endlich Vernunft an", „ich appelliere an deinen Verstand" oder „hör doch endlich auf zu träumen" versuchen sie andere zu kontrollieren und klein zu halten.

Das alles sind Versuche, anderen ihre Visionen auszureden. Und da reden wir noch nicht von Gewaltanwendung, körperlicher Zucht oder dem im-Zimmer-Einsperren, sodass man sich wahrlich nicht mehr frei bewegen kann und sich fügt.

Aber gibt es nicht auch Situationen, wo es notwendig ist, jemandem die Flügel zu stutzen? Ist das Flügelstutzen immer negativ?

Wir alle kennen Menschen, die sich selbst maßlos überschätzen und den Bezug zur Realität völlig verloren haben. Bei ihnen wäre es gesund, ihnen ein paar Federn zu stutzen. Ich bin dafür, dass man in bestimmten Situationen Menschen zum Überlegen auffordert, ob ihr Höhenflug noch mit wirklichem, gesunden, realistischen Fliegen zu tun hat. Wenn wir merken, dass jemand in einer Illusion lebt und glaubt er wäre der Größte, in Wirklichkeit aber in der Welt nicht mehr zurechtkommt, sollte sich etwas verändern. Es gibt Menschen, die sich selbst besser verkaufen müssen als sie eigentlich sind, und kontinuierlich eine Fassade aufrechterhalten, damit niemand ihren wahren Wert sehen kann. Sie sind im Umgang mit anderen Menschen inkompetent, wollen vergöttert werden und können mit Kritik nicht umgehen. Sie können sich auch selbst nicht hinterfragen. Sie strotzen vor Arroganz und Ignoranz. Ihr Wissen ist Halbwissen und ihr Können Halbkönnen. Die Art der Höhenflüge, die auf Eigensinn, Starrköpfigkeit und Illusion aufgebaut sind, sind nicht tragfähig. Man muss diesen Menschen wünschen, dass sie von ihrer Himmelswolke herunterkommen und eine halbwegs gute Notlandung schaffen, ohne zu Bruch zu gehen. Wenn das Leben nur auf

Ruhm, Ehre, Ansehen, Gefallsucht oder anderen vergänglichen Dingen aufgebaut ist, kann es bei großem Seegang nur zu einem Schiffbruch kommen und bei Turbulenzen in der Luft nur zu einer Bruchlandung.

Was wirklich Bestand hat, sagt schon Jesus im Matthäusevangelium Kapitel 7,21-27:

> Nicht jeder, der zu mir sagt: ‚Herr, Herr‘, wird in das Himmelreich eingehen, sondern wer den Willen meines Vaters tut, der im Himmel ist. Viele werden an jenem Tage zu mir sagen: ‚Herr, Herr, haben wir nicht geweissagt in deinem Namen, in deinem Namen Dämonen ausgetrieben und in deinem Namen viele Wunder gewirkt?‘ Dann werde ich zu ihnen sagen: Ich habe euch nie gekannt. Hinweg von mir, ihr Übeltäter! Jeder aber, der diese meine Worte hört und sie befolgt, gleicht einem klugen Mann, der sein Haus auf Fels gebaut hat. Da stürzte der Platzregen herab, die Wasserfluten kamen, die Winde bliesen und fielen über jenes Haus her. Aber es stürzte nicht ein, denn es war auf Felsen gegründet. Doch jeder, der diese meine Worte hört und sie nicht befolgt, der gleicht einem törichten Mann, der sein Haus auf den Sand gebaut hat. Da stürzte der Platzregen herab, die Wasserfluten kamen, die Winde bliesen und fielen über jenes Haus her. Da stürzte es ein, und sein Sturz war groß.

Du meinst also, dass das Flügelstutzen in wenigen Ausnahmesituationen zwar nötig ist, meist aber mehr Schaden als Nutzen hat?

Der Schaden zeigt sich in verschiedenartigen Formen. Manche Menschen sind immer auf der Flucht oder sie sondern sich ab. Sie scheuen die Gemeinschaft, obwohl sie sich eigentlich danach sehen. Sie zergehen in der Einsamkeit, haben aber Angst, erkannt zu werden, so wie sie wirklich sind. Sie haben nie die Hoffnung entwickelt, dass ihre Flügel von selbst nachwachsen können. Deshalb haben sie keine Perspektive und bleiben flügellos am Boden liegen. Dennoch sehnt sich jeder Mensch nach Anerkennung und Liebe und wir versuchen immer wieder anderen Menschen zu gefallen. Das kann zum Beispiel zu der Einstellung führen, dass man allen anderen da draußen schon beweisen wird, dass man es alleine schafft.

Und wie gehen wir am besten damit um, wenn uns die Flügel beschnitten worden sind?

Am besten ist es, wenn man zu der Einstellung kommt, dass man denen, die uns Steine in den Weg gelegt haben, gar nichts beweisen muss, sondern einfach seinen eigenen Weg bewusst, konzentriert und achtsam weitergehen kann. Sonst vermischen sich der Hass, der Neid, das Beleidigtsein und das Empfinden, dass mir Unrecht getan wurde, mit dem Unabhängigkeitsstreben.

Im Alten Testament gibt es eine Geschichte, aus der wir in dieser Hinsicht viel lernen können. Josef ist ein gutes Beispiel für jemanden, der positiv mit Widrigkeiten umgehen kann. Als ihn seine Brüder nach Ägypten verkaufen, jammert er nicht ewig darüber, wie schlecht es ihm geht. Er nimmt die Situation so an, wie sie ist. Er kommt zu Unrecht ins Gefängnis und steigt auch dort auf. Schlussendlich wird er zur rechten Hand des Pharaos. Als dann seine Brüder erkennen, dass Josef lebt und sie ihm Unrecht getan haben, bekommen sie Angst vor seiner Rache. Er aber kann zu ihnen sagen: „Ihr dachtet Böses gegen mich, Gott aber dachte es zum Guten." (1. Mose 50,20)

Verletzungen, die uns in der Vergangenheit zugefügt worden sind, können uns darin hindern in der Gegenwart unser Potential auszuschöpfen. So wie die Flügel nachwachsen, muss auch unser Selbstwert wieder wachsen. Es gibt einige Fragen, die uns helfen können zu sehen, wo wir stehen und wie weit wir in Bezug auf unseren Selbstwert sind. Zum Beispiel: Mache ich mir immer wieder darüber Gedanken, was andere über mich denken? Fürchte ich die Anerkennung meiner Mitmenschen zu verlieren, wenn ich mich nicht so verhalte, wie sie sich das wünschen? Habe ich Angst abgelehnt zu werden, wenn ich nicht ihrer Meinung bin? Wie harmoniebedürftig bin ich? Habe ich Angst vor Streit, vor Konflikten und vor Kritik und halte ich mich deshalb zurück, statt meine Meinung zu vertreten?

Wenn mir diese Fragen zeigen, dass mein Selbstwert sehr davon abhängt, wie andere mich sehen, bin ich sehr nach außen orientiert und von außen beeinflussbar. Bin ich aber in mir selbst fest und habe ich die innere Überzeugung, jederzeit abheben zu können, dann bin ich nicht mehr von anderen abhängig. So kann ich dann auch andere ernstnehmen, sie in ihrer Entwicklung ermutigen und wo nötig begleiten. Andererseits kann ich andere durchschauen und, wenn es für mich besser ist, meiden.

Und wann ist nun die beste Zeit, meine Flügel einzusetzen und abzuheben?

Wir brauchen uns nicht in die Zukunft hineinzuträumen: Wenn ich einmal groß bin... Wenn ich all dem gewachsen bin... Wenn ich über all dem stehe, dann werde ich abheben. Die beste Zeit, um abzuheben ist heute. Jetzt. Auch wenn ich nur einen kleinen Schritt in die richtige Richtung mache: Jeder kleine Schritt zählt. Es gibt keine Garantie, dass morgen günstiger ist als heute um abzuheben. Keiner weiß, was morgen ist. Lasst uns das, was wir heute tun können, auch wirklich heute tun. Und wenn heute auch nur ein kleiner Wind zu spüren ist, nützen wir den Aufwind!

Woher kommt denn die Motivation, abheben zu wollen?

Auf meinem Lesezeichen heißt es: „Ich danke allen, die mich beflügelt haben, wieder zu träumen und neue Horizonte zu sehen." Die Herausforderung zum Abheben mag bei jedem unterschiedlich sein. Auch der Anfang mag unterschiedlich sein. Kommt der Antrieb zum Abheben von innen oder von außen? Ich denke, dass wir das nicht auseinanderdividieren müssen. Bei den einen kommt die Motivation endlich die Flügel zu nutzen hauptsächlich von innen. Ihr Entschluss ist gereift, sich nicht mehr alles gefallen zu lassen. Sie können sich abgrenzen, weil sie wissen, wo sie stehen.

Andere wiederum haben Menschen in ihrer Umgebung, die als Vorbilder fungieren. Sie kennen Leute, die in ihrer Lebenssituation den Umständen zum Trotz aufgestanden, abgehoben und manchen ausweglosen Situationen entflohen sind. Sie haben für sich selbst und für ihr Leben die Verantwortung übernommen und sind auf Entdeckungsreise gegangen. Wir machen nicht dasselbe wie sie. Aber die Art und Weise wie sie ihr Leben gestalten, gibt uns Motivation, auch unser Leben zu meistern. Manche dieser Vorbilder werden nie erfahren, dass sie uns herausgefordert haben zu fliegen. Andere Menschen kommen direkt auf uns zu und ermutigen uns, aus unserem Leben etwas Neues und Einzigartiges zu machen. Sie trauen es uns zu. Meistens sind es unsere Freunde, Eltern, Großeltern, Lehrer oder Erzieher, die in unserem Leben als Mutmacher, Ermutiger, Förderer und stetige Wegbegleiter fungieren. Bei Ihnen haben wir keine Angst vor einer Bruch- oder Notlandung, wenn wir abheben. Sie geben uns das Gefühl, dass sie bei uns bleiben, wenn wir wieder aufstehen, neu an den Startplatz gehen und von vorne beginnen. Solche Menschen sind ein Geschenk für uns.

Ob nun die Herausforderung zum Abheben von innen oder von außen kommt, wir brauchen nur aufzustehen und es zu probieren.

Was habe ich denn davon, das Abheben zu probieren?

Ich habe erlebt, dass es beim Paragleiten möglich ist, Dinge hinter sich zu lassen und von oben eine neue Perspektive zu bekommen. Für dieses Wagnis wird man belohnt. Mit einer ganz neuen Sicht. Mit ganz neuen Möglichkeiten. Wer festgefahren ist und sich nach keiner Veränderung sehnt, wird nie Neues erfahren. Das Leben ist aber eine ständige Veränderung. Und wer ein erfülltes Leben haben möchte, muss lernen, immer wieder loszulassen und sich auf Neues einzulassen. Man kann das Leben im Gefängnis verbringen und sich nach der unendlichen Freiheit draußen sehnen. Man kann aber auch die Erfahrung machen, dass sich die Türe aufsperren lässt, entweder von innen oder von außen, dass die Ketten gesprengt werden und dass ich Schritte in ein neues Leben tun kann.

Der Psalm 126 spricht von so einem Traum, der Resignation und Hoffnungslosigkeit überwindet und die Menschen aufbrechen lässt in das Land der Hoffnung:

Als heimwärts führte Jahwe die Gefangenen Zions,
uns war, als geschah es im Traume.
Da ward von Lachen erfüllt unser Mund
und unsere Zunge von Jubel.

Da sagten sie unter den Heiden:
„Jahwe hat an ihnen Großes getan."
Ja, Großes hat Jahwe an uns getan,
wie wurden wir fröhlich!
Wandle, Jahwe, nun unser Geschick,
wie du wandlest die Bäche im Südland.
Die in Tränen säen,
sie werden ernten in Freude.
Weinend geh'n sie dahin,
sie geh'n und streuen den Samen.
Doch kommen sie wieder mit Jauchzen,
sie kommen und bringen ein ihre Garben.

Die Ketten der Gefangenen werden gesprengt, sie haben die Luft der Freiheit geschnuppert und sind nun gemeinsam mit anderen fröhlich auf dem Weg.

Inspiriert von Martin Luther King habe ich vor vielen Jahren meinen eigenen Traum zu Papier gebracht, der ausdrückt, was ich mir für ein Leben in Gemeinschaft mit anderen erhoffe. In den letzten zwei Zeilen des Gedichts geht es darum, dass man am Boden steht, gegründet auf dem Fundament der Liebe und nach oben hin Platz in die unendliche Weite ist. Dort, wo sich kein Stau bildet, wo sich niemand mit den Ellbogen durchsetzen muss. Dort gibt es genügend Platz für alle und jeder kann den Reichtum des Lebens genießen. Ich wünsche uns allen, dass sich dieser Traum immer mehr erfüllt.

Ich träume von einem Haufen Menschen
wo jeder seinen Platz findet und sich alle geborgen wissen
die Gesunden und die Kranken
die Reichen und die Armen
die Starken und die Schwachen
die Eltern und die Kinder
die mit "Superleistungen"
und auch die Müden und Resignierenden.

Ich träume von einem Haufen Menschen
wo Liebe und Wahrheit praktiziert wird
in dem jeder mit jedem redet
wo keiner dem anderen aus dem Weg geht
wo Konflikte fair ausgetragen werden
und wo man sich in die Gedanken und Ideen des anderen hineinversetzen kann
in dem Mutlose aufgerichtet werden
in dem Traurige getröstet werden
in dem Zweifler festen Grund unter den Füßen bekommen
in dem Einsame Gemeinschaft erleben
und in dem es keinen gibt, der sich nicht freut, dazuzugehören

Ich träume von einem Haufen Menschen
wo die gute Nachricht von Jesus Christus mit Wort und Tat weitergegeben wird
damit andere Menschen befähigt werden zum echten Leben
und ihnen ihr Lebensweg gelingt.

Ich träume von einem Haufen Menschen
wo man sich schon nach der nächsten Begegnung sehnt
wo man durch die Gemeinschaft Kraft Freude und Frieden bekommt für den Alltag
und jeder weiß, er kann und soll
sich mit seinen Gaben und Erfahrungen einbringen.

Ich glaube an diesen Traum
und bin aufgewacht mit der Frage
Wo ist dieser Haufen auf Erden zu finden?
Wie weit muss ich gehen um dieses paradiesische Himmelsgebäude auf Erden zu
entdecken?

In einer Welt, die mir manchmal wie ein verlorener Haufen vorkommt,
halte ich meine Augen offen und sehe wie sich mein Traum stückweise verwirklicht
in den Partnerschaften und in Familien
in Kindergärten und in Schulen
an Arbeitsplätzen und in der Gesellschaft
in den Kirchen und Religionen
nur einen Schritt weg von mir.

Ich glaube an diesen Traum und ich setzte mich dafür ein
Dass dieser Haufen ein lebendiger Haufen wird
gegründet auf das Fundament der Liebe
nach oben hin Platz in die unendliche Weite.

Endnoten

[1] Zink, Jörg. *Ufergedanken*. 2007. Gütersloh: Gütersloher Verlagshaus. S. 28

[2] Ruoß, Manfred. *Zwischen Flow und Narzissmus*. 2014. Göttingen: Hogrefe Verlag.

[3] Tichy, Herbert. In: Bergsteigen.com. „Herbert Tichy: Menschenwege – Götterberge."
URL: https://www.bergsteigen.com/news/neuigkeiten/herbert-tichy-menschenwege-goetterberge/
Abruf am: 12.2.2021

[4] Kammerlander, Hans. In: .WegPunkte___ Bergsteiger-Zitate.
URL: https://www.bergnews.com/bergbrevier/wegpunkte-J-P.php.
Abruf am: 4.12.2019

[5] Trenker, Luis. *Meine Berge*. 1931. Berlin: Neufeld und Henius. Zitiert aus: BergNews.com.
URL:https://www.bergnews.com/service/trenkers-bergsteigergebote/trenkers-bergsteigergebote.php.
Abruf am: 4.12.2019

[6] Ebd.

[7] Weil, Simone. In: Zeit online.
URL:https://www.zeit.de/2014/05/simone-weil-philosophin/seite-2.
Abruf am: 4.12.2019

[8] Buckingham, Robert. Zitiert aus: Homepage Dr. Christoph Student.
URL:https://christoph-student.homepage.t-online.de/41518/41919.html.
Abruf am: 4.12.2019

[9] Shaw, George Bernard. In: gutezitate.com.
URL: https://gutezitate.com/zitat/125845
Abruf am: 17.2.2021

[10] Marti, Kurt. „Wo kämen wir hin." In: Aphorismen.de
URL: https://www.aphorismen.de/suche?f_autor=9477_Kurt+Marti&seite=2
Abruf am: 10.3.2021

[11] Kammerlander, Hans. In: .WegPunkte___ Bergsteiger-Zitate.
URL: https://www.bergnews.com/bergbrevier/wegpunkte-J-P.php.
Abruf am: 4.12.2019

[12] da Vinci, Leonardo. In: Gutzitiert.
URL:
https://www.gutzitiert.de/zitat_autor_leonardo_da_vinci_thema_lernen_zitat_13562.html.
Abruf am: 4.12.2019

[13] Rath, Hans und Edgar Rai. *88 Dinge, die Sie mit Ihrem Kind gemacht haben sollten, bevor es auszieht*. 2011. Hamburg: Rowohlt Verlag.

[14] Visual Statements.
URL: https://www.visualstatements.net/visuals/visualstatements/wusstest-du-dass-es-fuer-einen-schmetterling-physisch-unmoeglich-ist-seine-eigenen-fluegel-zu-sehen-wusstest-du-auch-dass-die-fluegel-eines-schmetterlings-als-die-schoensten-vorkommenden-erscheinu/
Abruf am: 31.10.2019

[15] Aphorismen.de. URL: https://www.aphorismen.de/zitat/14405.
Abruf am: 31.10.2019

[16] Trenker, Luis. *Meine Berge*. 1931. Berlin: Neufeld und Henius. Zitiert aus: BergNews.com.
URL:https://www.bergnews.com/service/trenkers-bergsteigergebote/trenkers-bergsteigergebote.php.
Abruf am: 4.12.2019

[17] Miyashina, Toki. "Psalm 23." In: stunde-des-hoechsten.de.

URL: http://www.stunde-des-hoechsten.de/fileadmin/user_upload/bilder/gottesdienst-spezifische_Bilder/Downloads/Zusatzmaterial/SdH_106_2011-10-09_Der_gute_Hirte_Wdhlg/SdH_106_2011-10-09_Psalm_23_von_Toki_Miyaschina.pdf.
Abruf am: 25.11.2019
[18] „Bring mich zur Ruhe." 1988. In: *Lydia*, 3(2).
[19] Churchill, Winston. "Fast alle Menschen." In: www.otium-bremen.de.
URL: http://www.otium-bremen.de/js/index.htm?/autoren/a-churchill.htm.
Abruf am: 25.11.2019
[20] Tagore, Rabindranath. "Fasst die Flügel." In: gutzitiert.de
URL: https://www.gutzitiert.de/zitat_autor_rabindranath_tagore_thema_gold_zitat_10559.html
Abruf am: 24.2.2021
[21] "Freunde sind Engel."
URL: https://www.spruch-des-tages.org/sprueche/freunde-sind-engel-die-uns-wieder-auf-die-beine-helfen-wenn-unsere-fluegel-vergessen-haben-wie-man-fliegt
Abruf am 23.2.2021
[22] Kammerlander, Hans. In: .WegPunkte___ Bergsteiger-Zitate.
URL: https://www.bergnews.com/bergbrevier/wegpunkte-J-P.php.
Abruf am: 4.12.2019
[23] Unbekannter Autor. „Das ist unmöglich, sagt die Angst." In: www.spruch-des-tages.org.
URL: https://www.spruch-des-tages.org/sprueche/unmoeglich-sagt-deine-angst-zu-viel-risiko-deine-erfahrung-sinnlos-dein-zweifel-versuchs-fluestert-dein-herz.
Abruf am: 25.11.2019
[24] Rinser, Luise. "Wir haben viel stärkere Flügel. In: magicofword.com
https://www.magicofword.com/zitat/zitat-von-luise-rinser
Abruf am: 24.2.2021
[25] „Freitag, 12.2.2016". Zitiert in www.sprachrohr.ch.
URL: http://www.sprachrohr.ch/tagebuch55
Abruf am: 24.2.2021
[26] Trenker, Luis. *Meine Berge*. 1931. Berlin: Neufeld und Henius. Zitiert aus: BergNews.com.
URL:https://www.bergnews.com/service/trenkers-bergsteigergebote/trenkers-bergsteigergebote.php.
Abruf am: 4.12.2019
[27] „Imker, Everest-Erstbesteiger, Nationalheld. Legende ohne Allüren: Sir Edmund Hillary zum 100." In: Alpin.de, 20.07.2019.
URL:
https://www.alpin.de/33242/artikel_legende_ohne_allueren__sir_edmund_hillary_zum_100_.html
Abruf am: 4.12.2019
[28] Mutter Teresa. „Trotzdem." In: Karl Leisner Jugend.
URL:http://www.k-l-j.de/gedicht_mutter_teresa.htm.
Abruf am: 4.12.2019
[29] Trenker, Luis. *Meine Berge*. 1931. Berlin: Neufeld und Henius. Zitiert aus: BergNews.com.
URL:https://www.bergnews.com/service/trenkers-bergsteigergebote/trenkers-bergsteigergebote.php.
Abruf am: 4.12.2019
[30] "Bis hierher hat mich Gott gebracht." Text: Ämilie Juliane Gräfin zu Schwarzburg-Rudolfstadt 1699, Melodie: Peter Sohr 1668
[31] Coelho, Paulo. "Danke für alle." In: Danke für alle.
URL:http://dankefueralle.net/danke-paulo-coelho/danke-paolo/.

Abruf am: 4.12.2019
[32] Gutl, Martin. *Du Quelle in der Wüste*. 1987. Graz: Styria. S. 192
[33] Ali, Muhammad. „Ein Mensch ohne Phantasie." In: www.ifun.de.
URL: (https://www.ifun.de/ein-mensch-ohne-fantasie-hat-keine-fluegel-muhammad-ali-auf-apple-de-93309/).
Abruf am: 9.12.2019
[34] Kammerlander, Hans. In: .WegPunkte___ Bergsteiger-Zitate.
URL: https://www.bergnews.com/bergbrevier/wegpunkte-J-P.php.
Abruf am: 4.12.2019
[35] Trenker, Luis. *Meine Berge*. 1931. Berlin: Neufeld und Henius. Zitiert aus: BergNews.com.
URL:https://www.bergnews.com/service/trenkers-bergsteigergebote/trenkers-bergsteigergebote.php.
Abruf am: 4.12.2019
[36] Ebd.
[37] „So nimm den meine Hände." Text: Julie Hausmann 1862, Melodie: Friedrich Silcher 1843.
[38] King, Martin Luther. „Wir haben gelernt." In: zitate.de.
URL: https://www.zitate.de/autor/King%2C+Martin+Luther.
Abruf am: 4.12.2019
[39] Modersohn-Becker, Paula. In: Das Spruch-Archiv.
https://www.spruch-archiv.com/list/?autor=Paula+Modersohn%5C-Becker&id=62354&sort=user&order=dn&neworder=1
Abruf am: 28.4.2021
[40] Gibran, Khalil. „Du stutzt deine Flügel." In: zgedichte.de.
URL: https://www.zgedichte.de/gedichte/khalil-gibran/du-stutzt-deine-fluegel.html.
Abruf am: 4.12.2019
[41] Vergleiche: Ware, Bronnie. *5 Dinge, die Sterbende am meisten bereuen: Einsichten, die Ihr Leben verändern werden.*2015. München: Goldmann.